OST SEE KÜS TE

SCHLESWIG-HOLSTEIN

INSIDER-TIPP
Deine
Abkürzung
ins Erleben!

Reisen mit MARCO POLO
Insider-Tipps

MARCO POLO TOP-HIGHLIGHTS

FLENSBURG ⭐1

Dänische Gemütlichkeit und ein lebhafter Hafen machen die Stadt im hohen Norden Deutschlands so liebenswert

➤ S. 42, Flensburg & die Förde

GELTINGER BIRK ⭐2

Die fleißigsten Landschaftspfleger zwischen Windmühle und Leuchtturm sind zottelige Hochlandrinder und scheue Wildpferde
📷 *Tipp: Das obligatorische Leuchtturmfoto schießt du am besten vom Strand unterhalb des Turms*

➤ S. 56, Schleswig & die Schlei

WIKINGER-MUSEUM HAITHABU ⭐3

Dies war mal der Handelsplatz der Wikinger. Perfekt, um in die Haut eines Nordmanns zu schlüpfen. Oder einer Nordfrau
📷 *Tipp: Der Wall kurz vor dem Dorf ist prima für ein Selfie vor der Wikingerkulisse*

➤ S. 60, Schleswig & die Schlei

MOLFSEE ⭐4

Wie lebte es sich ohne technische Helferlein? In den 70 Bauernhäusern machst du einen Sprung ins Landleben früherer Zeiten
📷 *Tipp: Deine Kids auf dem Kinderkarussell – mit dem richtigen Filter wird das ein Bild wie aus Uropas Fotoalbum*

➤ S. 73, Kiel & die Kieler Bucht

5-SEEN- UND KELLERSEE-FAHRT ⭐5

Wasser, Natur, ein weißes Schloss und jede Menge Enten – und das, ohne sich selbst groß zu bewegen. Es sei denn, du möchtest selbst paddeln. Das geht auch

➤ S. 85, Die Holsteinische Schweiz

EUTIN ⭐6

Ein Märchenschloss, zwei Seen, eine klassizistische Altstadt. Kenner nennen die Stadt gern „Weimar des Nordens". Warum wohl?

➤ S. 82, Die Holsteinische Schweiz

LÜBECK 9

Wenn du vor den sieben hohen Backsteinkirchtürmen stehst, verstehst du schnell, warum die Stadt „Königin der Hanse" heißt

📷 *Tipp: Warte mit den Altstadtfotos auf das letzte Sonnenlicht, dann leuchtet der rote Backstein besonders intensiv*

➤ S. 108, Lübeck & die Lübecker Bucht

TRAVEMÜNDE ⭐

Traditionsreich, aber nicht von gestern: Im ältesten Seebad an der schleswig-holsteinischen Ostseeküste geht im Sommer die Post ab

➤ S. 106, Lübeck & die Lübecker Bucht

FEHMARN ⭐

Natur pur, viel Wasser, Leuchttürme und ganz viel Sonne erwarten dich auf Schleswig-Holsteins einziger Ostseeinsel

📷 *Tipp: Achtung, Naturfotografen: Im Naturschutzgebiet Wallnau kriegst du seltene Wasservögel vor die Linse*

➤ S. 94, Lübeck & die Lübecker Bucht

KIELER WOCHE 10

Das größte Segelsportereignis der Welt oder kurz: Boote, Boote, Boote, Essen, Musik (Foto)

➤ S. 131, Gut zu wissen

INHALT

FLENSBURG & DIE FÖRDE

SCHLESWIG & DIE SCHLEI

KIEL & DIE KIELER BUCHT

DIE HOLSTEINISCHE SCHWEIZ

LÜBECK &
DIE LÜBECKER BUCHT

🕑   Besuch planen

€ – €€€ Preiskategorien

(*)   Kostenpflichtige Telefonnummer

🍴   Essen/Trinken

🛍   Shoppen

🍸   Ausgehen

🌴   Top-Strände

(📖 A2) Herausnehmbare Faltkarte
(📖 a2) Zusatzkarte auf der Faltkarte
(0) Außerhalb des Faltkartenausschnitts

BESSER PLANEN MEHR ERLEBEN!

**Digitale Extras
go.marcopolo.de/app/osh**

DAS BESTE ZUERST

Natur und deren Freunde findest du auf dem Graswarder bei Heiligenhafen

SCHÖN, AUCH WENN ES REGNET

BADESPASS BEI JEDEM WETTER

Auch wenn's kalt ist, muss man auf das Baden im Meerwasser nicht verzichten. Entlang der Küste gibt es tolle Schwimmbäder, die bei Regen oder Schnee eine gute Alternative sind. Tauch doch im *Entdeckerbad* in Damp ins Badebecken in Ostseeform

➤ S. 57, Schleswig & die Schlei

SHOPPING OHNE SCHIRM

Endlich mal so richtig in Ruhe shoppen gehen, während draußen der Regen auf das Glasdach trommelt. Rund 120 Geschäfte mit Kleidung, Schuhen, Büchern und mehr warten im überdachten Kieler *Sophienhof* auf dich. Und nach einem Kaffee in einem der Cafés sind die Tüten gleich viel leichter

➤ S. 72, Kiel & die Kieler Bucht

AUGE IN AUGE MIT DEM HAI

So dicht wie im *Meereszentrum Fehmarn* kommst du in der Ostsee einem Hai nie. Die anmutigen Räuber der Meere ziehen in einem 3-Mio.-Liter-Becken ihre Runden (Foto). Nicht nur bei Schmuddelwetter interessant!

➤ S. 94, Lübeck & die Lüb. Bucht

KULTUR AN DER FÖRDE

Ob Seefahrtsgeschichte oder die lebendige Tierwelt der Ostsee, antike Skulpturen oder topaktuelle Gegenwartskunst: In den acht Kieler *Museen am Meer* kannst du in Kultur und Wissenschaft versinken

➤ S. 69, Kiel & die Kieler Bucht

IM GEWÖLBE VON SANKT MARIEN

Als die Lübecker Räte vor 750 Jahren die *Marienkirche* bauen ließen, bewiesen die Baumeister ihr Können. Das Gewölbe des 38,5 m hohen Mittelschiffs ist bis heute beeindruckend – das kannst du bei einer Gewölbeführung in der Backsteinkathedrale selbst sehen

➤ S. 111, Lübeck & die Lüb. Bucht

BEST OF LOW-BUDGET

FÜR DEN KLEINEN GELDBEUTEL

AUSSICHT UND EINBLICKE

Hoch hinaus geht eigentlich anders, aber vom 20 m hohen *Bismarckturm* hast du einen tollen Blick über Angeln bis zur Ostsee. Im Turm lockt zusätzlich eine Ausstellung zur Geschichte Schleswig-Holsteins. Und das völlig kostenlos

➤ S. 49, Flensburg & die Förde

WO WILLY GROSS WURDE

Willy Brandt hat als deutscher Bundeskanzler (1969–1974) Geschichte geschrieben. Was viele nicht wissen: Geboren wurde der Friedensnobelpreisträger 1913 in der Hansestadt Lübeck. Im *Willy-Brandt-Haus* folgst du seinen Spuren – bei freiem Eintritt

➤ S. 111, Lübeck & die Lüb. Bucht

KOSTENLOSE PARTNERVERMITT-LUNG IM DODAUER FORST

Ein Baum mit eigener postalischer Adresse. Wer nach einem Partner sucht, kann an die *Bräutigamseiche* bei Eu-

tin schreiben. Die Briefe werden vom Postboten in ein Astloch gesteckt (Foto) und von Interessenten gelesen. Über 100 Ehen sollen auf diese Weise schon entstanden sein

➤ S. 84, Die Holsteinische Schweiz

BLICK INS HERZOGLICHE SCHLAFZIMMER

Schloss Plön steckt voller Geschichte(n). Bei der kostenlosen Führung kannst du u. a. die Gemäldegalerie der Plöner Herzöge, das Paradeschlafzimmer von Herzog Friedrich Carl, den Rittersaal und die Kapelle mit Wandmalereien aus dem 19. Jh. angucken

➤ S. 80, Die Holsteinische Schweiz

BADEN WIE DIE PRINZEN

Es muss nicht immer Meer sein. In Plön wartet das *Prinzenbad* auf dich, das du inklusive Duschen, Umkleiden, Bademeister und feinsandigem Strand einfach so nutzen darfst

➤ S. 81, Die Holsteinische Schweiz

BEST OF
MIT KINDERN

SPANNENDES FÜR GROSS & KLEIN

AUF TUCHFÜHLUNG MIT EXOTEN

Mal ehrlich, hast du schon mal von Poitou-Eseln, Skudden oder Girgentana-Ziegen gehört? In der *Arche Warder* leben rund 80 bedrohte Haus- und Nutztierrassen auf 40 ha Fläche. Im Streichelhof und dem Ferkelgehege kannst du Ziegen und kleine Schweinchen kraulen

➤ S. 74, Kiel & die Kieler Bucht

WINNETOU BESUCHEN

Wenn im Sommer Winnetou, Old Shatterhand & Co. bei den *Karl-May-Festspielen* in Bad Segeberg auf die Freilichtbühne galoppieren und versuchen, die Bösen zu fangen, ist Action angesagt. Indianergeheul, Explosionen und wilde Kämpfe inklusive

➤ S. 115, Lübeck & die Lüb. Bucht

SCHIFFSBAUER-NACHWUCHS

Wie baut man eigentlich ein Boot? In der *Museumswerft* in Flensburg kann sich der Nachwuchs mithilfe eines Bootsbauers an diese Aufgabe machen und das Wasserfahrzeug hinterher mit nach Hause nehmen

➤ S. 42, Flensburg & die Förde

ACHTERBAHN & KINDERKARUSSELL

Karussell fahren, bis der Arzt kommt. Eine Aussicht, die nicht nur kleine, sondern auch große Adrenalinjunkies lockt. Im *Hansa-Park* hat man die Auswahl zwischen Wildwasserbahnen wie der Super Splash, rasanten Achterbahnen und Erlebnisbereichen wie die Westernstadt oder das Wikingerland

➤ S. 103, Lübeck & die Lüb. Bucht

SPIELEN WIE FRÜHER

Im *Kindheitsmuseum* in Schönberg kannst du nicht nur sehen, wie Schule früher ablief, sondern auch in alten Kinderbüchern schmökern und Spiele ausprobieren, die weit vor Playstation und Fortnite entstanden

➤ S. 75, Kiel & die Kieler Bucht

BEST OF 🚩
TYPISCH

DAS ERLEBST DU NUR HIER

FRISCHE FISCHE

Im *Niendorfer Hafen* und in vielen anderen Häfen an der Küste verkaufen die Fischer Teile ihres Fangs direkt vom Kutter. Geschmack und Frische sind konkurrenzlos, günstiger ist es meist auch
➤ S. 106, Lübeck & die Lüb. Bucht

WOHNEN UNTER REET

Seit Jahrhunderten werden Hausdächer in der Ostseeregion mit Teichschilfrohr gedeckt, das vortrefflich vor Wärme und Kälte schützt. Die wohl malerischsten Reetdachhäuser an der Ostsee kannst du auf dem *Graswarder* in Heiligenhafen bewundern
➤ S. 88, Die Holsteinische Schweiz

GROSSE SCHIFFE GUCKEN

Entlang der *Kiellinie* sind die großen Fähren, die nur wenige Meter vom Land entfernt auf der Förde ein- oder auslaufen, ein alltäglicher Anblick. Wer an Land steht, winkt neidisch herüber, wer an der Reling steht, winkt aufgeregt zurück, das macht man übrigens auch bei vorbeifahrenden Traditionsseglern oder ablegenden Kreuzfahrtschiffen
➤ S. 68, Kiel & die Kieler Bucht

AUF ALTEN GÜTERN

An der Ostseeküste und im Hinterland existieren zahlreiche alte Gutshöfe und Herrenhäuser. Aufwendig restauriert, laden viele mit Cafés und Veranstaltungen Besucher ein. Eindrucksvolles Beispiel: *Gut Altenhof*
➤ S. 68, Kiel & die Kieler Bucht

ÜBERM WASSER FLANIEREN

Die Zeiten, in denen Seebrücken reine Anlegestellen für Schiffe waren, sind vorbei. Heute sind die Stege Erlebnispromenaden und Anziehungspunkte für Flaneure, Fotografen, Angler, Badende. So wie die in *Heiligenhafen*, auf der du im Zickzack spazierst (Foto)
➤ S. 88, Die Holsteinische Schweiz

SO TICKT DIE OSTSEE-KÜSTE

Willkommen in Brasilien!

ENTDECKE DIE OSTSEEKÜSTE

Flensburg: Kleine Gässchen verbinden in der Altstadt die Fußgängerzone mit der Förde

Blauer Himmel über gelben Rapsfeldern, die stellenweise bis fast ans Meer reichen, feinsandige Strände, kleine Fischerorte und traditionsreiche Hafenstädte: Gäbe es die schleswig-holsteinische Ostseeküste nicht schon, man müsste sie glatt erfinden!

STRAND IM ÜBERFLUSS

Wer Urlaub an der schleswig-holsteinischen Ostseeküste macht, spürt nicht nur den Wind im Gesicht, sondern atmet auch die reine Luft und den Geruch des Meers und versteht, wie sehr die Landschaft den Lebensstil der Küstenbewohner prägte. Weitläufige Badestrände wechseln sich ab mit menschenleeren Küstenabschnitten. Steilküsten, etwa entlang der Halbinseln Schwansen und Dänischer

um 7500 v. Chr.
Erste nachweisbare Besiedlung Ostholsteins

800–1100
Haithabu wird zur ersten Handelsstadt Nordeuropas

1460
Dänenkönig Christian I. wird Landesherr von Schleswig und Holstein

1864
Schleswig und Holstein fallen an Preußen und Österreich

1920
Nordschleswig wird durch Volksabstimmung dänisch

1946
Schleswig-Holstein wird Bundesland

Wohld, laden zu erholsamen Spaziergängen mit spektakulären Blicken über die Ostsee ein. Je weiter man nach Norden kommt, umso urtümlicher werden die Strände, und die Abstände zwischen den einzelnen Ferienorten werden größer.

FJORDE, NATUR UND HERRENHÄUSER

Alles andere als eintönig ist die Landschaft an diesem Küstenabschnitt, die aus mehr als Badestränden und Strandkörben besteht. Dörfer, Feldsteinkirchen, Knicks und Windmühlen verteilen sich im Hinterland von Angeln und der Flensburger Förde. Der 40 km lange Ostseefjord der Schlei trennt Angeln vom Rest des Lands. Lange Alleen ziehen sich über die Halbinsel Schwansen und führen zu großen Gütern und Herrenhäusern. Die fruchtbare Probstei mit ihren Sandstränden an der Ostseite der Kieler Bucht besitzt stattliche Bauernhöfe und reiche Dörfer. Südlich schließt sich die Holsteinische Schweiz mit ihren mehr als 200 Seen, Hügeln und Wäldern an. Facettenreich ist auch die Landschaft im Osten Schleswig-Holsteins: Wer Abwechslung zu den Stränden sucht, findet im grünen Südosten Wälder, kleine Seen, Felder und Dörfer voller Backsteinbauernhäuser.

INSIDER-TIPP
Hinterland-idyll

GROSSSTADTFLAIR AN TRAVE UND FÖRDE

Sie ist die Landeshauptstadt und liegt direkt am Wasser, nämlich der trichterförmig zulaufenden Kieler Förde: Kiel besitzt nicht nur Deutschlands größten Pas-

1955 Sonderstatus der Minderheiten in Süd- und Nordschleswig

1963 Brückenschlag nach Fehmarn durch die Sundbrücke

1986 Gründung des Schleswig-Holstein Musikfestivals

2015 Eröffnung des Europäischen Hansemuseums in Lübeck

2018 Die Hansestadt Lübeck feiert ihren 875. Geburtstag

2020 100 Jahre friedliche Beilegung des deutsch-dänischen Grenzkonflikts

sagierhafen, sondern ist auch stolz auf den Status als wichtiger Schiffbaustandort. Dabei ist die Stadt überraschend modern, hat auch in den Nebenstraßen der Fußgängerzone mit den Modeketten und kleinen Geschäften eine hohe Cafédichte und ist voll mit Studenten und Touristen. Letztere nutzen die Zeit, bis die Fähre nach Oslo abfahrbereit ist, für einen kleinen Stadtbummel, denn der Fährhafen liegt direkt im Zentrum. 80 km weiter südlich liegt die Hansestadt Lübeck, die ein völlig anderes Bild vermittelt und Großstadtflair auf kleiner Fläche bietet. Wer nur kommt, um sich mit Marzipan einzudecken, hat selbst Schuld. Denn man kann im Schatten der fünf großen Innenstadtkirchen, die die bekannten sieben Türme bilden, hervorragend shoppen gehen oder in kleinen Cafés an der Obertrave mit Blick auf das Holstentor den Sommerabend verbringen.

SEEBADTRADITION & KLASSIK IM KUHSTALL

Wie an einer Perlenschnur reihen sich die Seebäder die Küste entlang. Viele von ihnen haben eine lange Tradition, denn das gesunde Seeklima lockte schon im frühen 19. Jh. die feine Gesellschaft aus den großen Städten an die Küste. In Travemünde, einem der ältesten deutschen Seebäder, begann der erste bescheidene Badebetrieb bereits im Jahr 1802. Und mit dem Prädikat „Seebad" schmücken sich die Ferienorte an der Ostsee heute noch gerne. Allerdings wird dort nicht nur gebadet oder sich gesonnt, in den Sommermonaten steht das Land ganz im Zeichen des Schleswig-Holstein Musikfestivals, das eins der größten klassischen Musikfestivals Europas ist. Knapp zwei Monate lang treten dann weltbekannte Musiker und Orchester in Konzerthallen auf. Aber auch in Kuhställen, Kirchen oder Gutshofscheunen direkt an der Küste. Daneben kannst du noch unzählige Kunstausstellungen, Kirchen, Museen, Städte, Schlösser und Herrenhäuser entdecken.

LEBENDIGES GESCHICHTSBUCH

Die ersten Menschen siedelten sich etwa 8000 v. Chr. im heutigen Schleswig-Holstein an, das die Eiszeit in drei Landschaftszonen gliederte: in die fruchtbaren Marschen an der Westküste, den sandigen Mittelrücken der Geest und das bewaldete östliche Hügelland, reich an Seen und fetter Ackerkrume, mit seiner Fördenküste. Sogar die Wikinger ließen sich an der Küste nieder und gründeten in Angeln und an der Schlei eigene Siedlungen. Im Museum Haithabu, inzwischen Unesco-Welterbe, kann man in diese Zeit eintauchen.
Schleswig-Holsteins jüngere Geschichte ist verworren, ein ewiges Vor und Zurück, geprägt von deutsch-dänischen Auseinandersetzungen. Mal hatte die dänische Krone das Sagen, mal die Herzöge von Gottorf, mal die Preußen. Die Folgen dieser wechselhaften Herrschaftsverhältnisse reichen bis in die Gegenwart: Noch heute gibt es im dänischen Nordschleswig eine deutsche Volksgruppe, und südlich der Grenze lebt eine dänische Minderheit, die auch im schleswig-holsteinischen Landtag vertreten ist.

AUF EINEN BLICK

Von den 2,89 Mio. Einwohnern Schleswig-Holsteins leben

1,33 MIO.

an der Ostseeküste

402 km
Küstenlänge inkl. Fehmarn

Nordseeküste Schleswig-Holstein:
468 km inkl. Inseln und Halligen

1.870 SCHIFFE
starteten 2018 bei der
Kieler Woche

1882, als die Segelregatta das
erste Mal stattfand, waren es 20

**HÖCHSTER BERG:
BUNGSBERG**

168 M

Es gibt sogar einen
Skilift

WÄRMSTER MONAT

JULI

MIT
23 °C

In **ARNIS,**
Deutschlands
kleinster Stadt,
wohnen

283

Menschen

30 TONNEN
LÜBECKER MARZIPAN

werden allein von der Firma Niederegger täglich produziert

1. PLATZ

Laut Glücksatlas leben die glücklichsten
Deutschen in Schleswig-Holstein

BERÜHMTESTE PERSONEN
Thomas Mann, Willy Brandt,
Beate Uhse

**28 SEEBRÜCKEN
RAGEN
IN DIE OSTSEE**

DIE OSTSEEKÜSTE VERSTEHEN

DEUTSCH-DÄNISCHE WG

„God dag, Fru Nielsen." Hä? Eben dachtest du noch, du spazierst durch Flensburgs Gassen, und nun schallt es dänisch aus den Fenstern eines roten Schulhauses? Nein, du hast dich nicht verlaufen, sondern bist auf die dänische Minderheit im Norden gestoßen. Schließlich war Deutschlands nördlichste Stadt jahrhundertelang Teil der rot-weißen Heimat von *pølser* und salzigem Lakritz und ist immer noch heimliche Hauptstadt der dänischen Minderheit. Die ist nach der letzten Grenzziehung mit dem Nachbarland 1920 einfach dageblieben. Noch heute hat z. B. jeder fünfte Flensburger dänische Wurzeln, gibt es zahlreiche dänische Schulen, Kindergärten, Kultureinrichtungen in der Region und mit dem „Flensborg Avis" auch eine dänische Tageszeitung. Es gibt sogar Überlegungen, das Zusammenleben von Minder- und Mehrheiten im deutsch-dänischen Grenzland als immaterielles Unesco-Weltkulturerbe schützen zu lassen.

FUNDSTÜCKE

Dunkle Wolken, Nieselregen und kalter Wind – für dich definitiv kein Wetter, um an den Strand zu gehen? Falsch. Gummistiefel an, leeres Marmeladenglas schnappen und los! Denn jetzt ist die perfekte

INSIDER-TIPP
Auf zur Schatzsuche!

Zeit zum Bernsteinsuchen. Die Brocken aus versteinertem, jahrmillionenaltem Baumharz verstecken sich nach einem Sturm gerne zwischen angeschwemmtem Seegras. Der Baltische Bernstein, der auch orange, braun oder gelb sein kann, schwimmt übrigens in Salzwasser oben und hinterlässt auf Glas keine Kratzer. So erkennst du leicht, ob er echt ist oder nicht. Aber Vorsicht: Trag die Strandschätze nicht in der Hosentasche nach Hause. Denn manchmal tarnen sich weiße Phosphorklümpchen als Bernstein. Die beiden Stoffe sehen sich verteufelt ähnlich. Der Phosphor stammt aus Brandbomben, die seit dem Zweiten Weltkrieg auf dem Meeresboden vor sich hin rosten und deren Inhalt nun langsam freigesetzt wird. Trocknet der Phosphor in der Tasche, fängt er sofort zu brennen an. 1300 Grad werden dabei erreicht, die sich nicht mit Wasser bekämpfen lassen. Absolute Lebensgefahr! Daher die Strandschätze erst einmal ins Glas. Brennt's da drin, kann man es schnell wegwerfen. Doch bloß keine Panik: Phosphorklümpchen finden sich an den schleswig-holsteinischen Küsten nur selten.

FRÜHLINGSBOTEN

Böse Zungen behaupten, den Frühling in Schleswig-Holstein erkenne man daran, dass der Regen wärmer werde. Dabei ist der Frühling gar nicht zu übersehen – spätestens dann, wenn im Mai die Rapsblüte losgeht. Der süße Geruch der leuchtend gelb blühenden Pflanzen sollte eigentlich in Flaschen abgefüllt werden, nicht nur das Öl aus den Samen. Der Raps liebt das Klima und den Boden zwi-

auf der Rader Hochbrücke den Nord-Ostsee-Kanal. Dann heißt es – für die Beifahrer! – Augen auf, denn mit etwas Glück kannst du in den Schornstein eines riesigen Kreuzfah-

INSIDER-TIPP
Shipspotting im Vorbeifahren

Auch Margrethe II. schaut ab und zu mal bei ihren Landsleuten in Flensburg vorbei

schen Ost- und Nordsee, vor allem in Ostholstein. Hier werden die Felder von Knicks unterteilt. Die grünen Zäune aus Holunder, Schlehen, Haselsträuchern oder Weißdorn ziehen seit rund 200 Jahren klare Grenzen. Damals wurde nach einer Bodenreform das Land neu aufgeteilt und die Felder mit Hecken versehen. So sorgten die Bauern nicht nur für Ordnung, sondern schufen gleichzeitig einen prima Lebensraum für Vögel und Insekten.

SCHIFF(S)REICH

Wenn du auf der A 7 in Höhe Rendsburg unterwegs bist, überquerst du

rers oder Frachters gucken. Der rund 100 km lange Weg zwischen Brunsbüttel und Kiel-Holtenau ist seit 1895 eine Abkürzung für den Schiffsverkehr zwischen Nord- und Ostsee, die mehr als 30 000 Schiffe jährlich nehmen – mehr als doppelt so viele wie im Panamakanal. Allerdings kann nicht jedes Schiff den Kanal entlangschippern, es muss unter den zehn Hochbrücken hindurchpassen. Zugangskriterium: Die Mastspitze darf die Wasseroberfläche um nicht mehr als 40 m überragen. Und in die Schleusen muss das Schiff auch kommen. Die gelten allerdings als die größten der Welt.

WINDIGE AUSWÜCHSE

Schleswig-Holstein ist das Land der Rapsfelder, Wälder und Kuhweiden, die oft bis ans Meer reichen. Doch wenn man über die Landstraßen fährt, könnte man denken, hier würden auch Windkraftanlagen gezüchtet. Wie riesiger Stangenspargel poppen die weißen, schlanken Masten aus der Erde und werfen krumme Schatten aufs Land. Rund 3900 Anlagen stehen im Norden, das Land zwischen den Meeren ist prädestiniert für die Gewinnung von Windenergie. Die Landesregierung treibt die klimafreundliche Energieversorgung voran und sieht sich in einer Vorreiterrolle, denn inzwischen deckt Schleswig-Holstein rechnerisch 100 Prozent seines Strombedarfs durch alternative Energien.

Dass es hier eigentlich immer windet, hat man schon früh festgestellt und Bock-, Turm- oder Erdholländermühlen an die Küsten gestellt. Rund 1000 Stück verteilten sich einst im Land. Etliche stehen heute noch, sind Museen, Wohnhäuser oder Gaststätten.

WICKIES VERMÄCHTNIS

Große Holzhäuser mit Reetdächern, Gemüsegärten und im Hafen die gefürchteten Langschiffe. Schön hatten sie es sich gemacht, die Wikinger. Als die rauen Seemänner aus dem hohen Norden, die zwischen 800 und 1000 n. Chr. die Meere unsicher machten, keine Lust mehr auf Überfälle und Brandschatzen hatten, wurden sie sesshaft. Sie gründeten im 9. Jh. an der Schlei den Ort Haithabu und machten daraus das größte Handelszentrum des Nordens. Heute ist der Ort in der Nähe von Schleswig ein Museum, in dem du einen Sprung in die

Hotspot für Marzipanfans: das Café Niederegger in Lübeck

Zeit von Wickie & Co. machen kannst. Doch die Wikinger haben noch mehr Spuren hinterlassen. Wenn du durch Angeln oder Schwansen fährst und auf Orte mit der Endung „by" stößt, kannst du davon ausgehen, dass das ursprünglich eine Wikingersiedlung war. Das Gleiche gilt für Ortschaften mit der Endung „rup", „toft" oder „loit".

DIÄTKILLER

Solltest du gerade auf Diät sein, mach lieber einen großen Bogen um das Haus Breite Straße 89 in der Lübecker Altstadt. Denn hinter dieser Adresse verbirgt sich einer der Touristenmagnete der Stadt: das Stammhaus und Café der Firma Niederegger. Goldene Herzen, kleine, rot verpackte Brote, grinsende Glücksschweine, Früchte oder das Holstentor aus der süßen Masse locken dort. Aber wir haben dich gewarnt, denn schon vom Gucken hat man locker zwei Kilo mehr auf den Hüften.

Lübecks Ruf als Marzipanstadt Nummer eins wurde 1806 begründet, als ein junger Zuckerbäcker namens Johann Georg Niederegger begann, das orientalische Naschwerk aus Mandeln und Zucker in großem Stil zu verarbeiten. Doch neben dem Familienunternehmen, das mittlerweile in siebter Generation geführt wird, gibt es noch mehr Produzenten in der Hansestadt. Sie alle stellen original Lübecker Marzipan her. Die von der EU geschützte Bezeichnung dürfen nur die Lübecker Hersteller verwenden. Und dies hat Tradition: Schließlich wurde „Martzapaen" das erste Mal 1530 in Lübecker Zunftrollen erwähnt.

KLISCHEE KISTE

WETTERFEST

Grundsätzlich kommt der Wind immer von vorn. Das ist so, und daran sind die Einheimischen gewöhnt. Sie liegen auch bei 17 Grad Lufttemperatur im Bikini am Strand, genießen das Bad in der 15 Grad warmen Ostsee und sagen nix, wenn ihnen die Urlauber in Fleece und langer Hose dabei zusehen. Erst ab Windstärke 10 knöpft sich auch ein Nordlicht die Jacke zu.

HOLSTEIN-MOUNTAINS

Der Norden ist flach wie ein Brett!? Pustekuchen! Hier ist immerhin die Heimat der Hüttener Berge und der Holsteinischen Schweiz. Der Bungsberg mit seinen 168 m hat sogar einen Skilift. Geläster von Südländern hört man nicht gern. Denen vergeht der Spott spätestens, wenn sie bei Windstärke sieben auf dem Ostseeradweg radeln. Das ist dann horizontales Bergsteigen.

NORDISCHE GELASSENHEIT

Den Norddeutschen kann nicht viel aus der Ruhe bringen, Gelassenheit ist sein zweiter Vorname, Pragmatismus der Dritte. Stimmt – zumindest meist: Spottet man jedoch über die zugegeben nicht immer erstklassig spielenden Fußballteams aus dem Norden, ist Schluss mit lustig. Da zieht der Nordclubfan dann schnell die rote Karte.

ABKÜRZUNG

Mal eben von Fehmarn rüber auf die dänische Insel Lolland, ohne auf die Fähre warten zu müssen, die einen über den Fehmarnbelt schippert? Hach, das wäre schon prima. Denn gerade in der Hochsaison bildet sich vor dem Fährhafen in Puttgarden auf Fehmarn regelmäßig eine lange Blechkolonne, und auf der dänischen Seite, im Hafen von Rødby, sieht es ähnlich aus. Zwar verkehren die Fähren in der Hochsaison im Halbstundentakt, aber Wartezeiten gibt es trotzdem.

Der Traum einer festen Querung über die Meerenge zwischen Deutschland und Skandinavien geistert daher schon lange durch die Köpfe von Politikern und Wirtschaftsbossen. So ließe sich die Fahrzeit auf der Strecke durch das Projekt „feste Fehmarnbeltquerung" ziemlich verkürzen: Für die Strecke von Hamburg nach Kopenhagen bräuchte man statt viereinhalb nur noch knapp zweieinhalb Stunden. 2015 legte die dänische Regierung schließlich vor und beschloss den Bau eines Tunnels, der rund 18 km unter Wasser verlaufen soll. Doch so weit ist es noch nicht, denn in Deutschland steckt das Projekt derzeit noch im Planfeststellungsverfahren, ein Datum für den Spatenstich ist in weiter Ferne. Gerade auf deutscher Seite gibt es nicht nur Befürworter des geplanten Tunnels, die Zahl der Kritiker ist hoch. Sie befürchten negative Auswirkungen für Umwelt und Tourismus, denn neben dem Tunnel muss auch die ganze Hinterlandanbindung durch Straße und Schiene neu gestrickt werden.

PROBLEMFALL OSTSEE

Wenn man am Strand steht und auf das blaue Meer guckt, ahnt man nicht, dass das ökologische System der Ostsee auf der Kippe steht. Denn das zeitgeschichtlich noch junge Brackwassermeer kämpft mit erheblichen Umweltproblemen. Überfischung und Überdüngung durch die angrenzende Landwirtschaft sind nur zwei Gründe. Der Wasseraustausch ist schwierig: Nur über die schmale Verbindung zur Nordsee fließt Salzwasser in die Ostsee, daher reagiert sie empfindlich auf Verschmutzungen.

Auch um die Luftverschmutzung sorgt man sich im Norden und versucht gegenzusteuern. Zum Beispiel im Lübecker Hafen. Dort können die Schiffe ihre Dieselmotoren abstellen und Landstrom nutzen. So wird die Belastung durch Schadstoffe und Lärm vermindert.

Wunderschönes Grau: So faszinierend kann schlechtes Wetter an der Ostsee sein!

WAT'N WETTER

Sturm ist, wenn die Schafe keine Locken mehr haben. Regen ist, wenn die Heringe auf Augenhöhe vorbeischwimmen. Alles unter Windstärke 12 ist eine leichte Brise. Es gibt viele Sprüche über das norddeutsche Wetter. Dabei ist der Himmel nirgendwo so schön grau wie im Norden, wenn der Wind dicke, zinnfarbene Wolken darüberjagt. Hier dauert der April in manchem Jahr bis Ende September, um dann in den Herbst überzugehen. Und so richtig Schnee gibt es eher selten. Kommt im Sommer aber die Sonne raus und lässt das Meer azurblau und die Felder in sattem Grün leuchten, dann liegt eine fast südländische Leichtigkeit in der Luft.

TYPISCH NORDDEUTSCH

Stur, wortkarg und mit einem trockenen Humor versehen. Der Norddeutsche gilt als knurriger Fischkopp. Gut, man macht hier nicht so viele Worte wie anderswo, braucht man aber auch nicht. „Moin, moin" gilt schon als Gesabbel. Ein simples „Moin" reicht als Begrüßung völlig aus. Egal, ob in der Kneipe, vor dem Fischbrötchenwagen am Hafen oder von Surfer zu Surfer draußen auf dem Wasser, wenn man auf die nächste Welle wartet. Denn hier geht man nicht ans Meer oder an den Strand, sondern ans Wasser. Kriegt man statt eines Nickens dann ein „Joar!" oder ein „Hmm" als Antwort, ist das ein Gesprächsanfang. Diese kleinen Wörter gelten als vollständiger Satz. Das ist anders, wenn du Plattdeutsch beherrschst, dann wird jeder Norddeutsche redselig. Also, so ein bisschen. Wenn du schon mal üben möchtest: Eine Übersetzungshilfe findest du unter *plattdeutscheswoerterbuch.de*.

ESSEN
SHOPPEN
SPORT

Strand oder Steg: Irgendwie kommst du auf Fehmarn immer ins Wasser

ESSEN & TRINKEN

Essen und Trinken hält Leib und Seele zusammen. Diese viel zitierte Redensart machen sich auch die Schleswig-Holsteiner gern zu eigen. Sehr deftig ist die Regionalküche im Norden des Lands, und für Urlauber gibt es auch auf kulinarischem Gebiet Neues zu entdecken.

FISCH, WAS SONST?

Was soll man erwarten von Menschen, die an der Küste leben? Der Ostsee-Anwohner liebt seinen Fisch. Am liebsten frisch vom Kutter und dann schnell geräuchert oder gebraten. Dazu eine ordentliche Portion Bratkartoffeln, und schon ist das Nordlicht zufrieden. Auf Speisekarten dominieren Butt und Scholle, in Speck gebraten, Dorsch gekocht mit Senfsauce, Seezunge und Hecht sowie Makrele, Hering und Aal. Die Krabben aus der Nordsee kommen gern zusammen mit Rührei und Schwarzbrot auf den Tisch. Und das Lieblingsfastfood? Na, Fischbrötchen natürlich.

ESSEN MUSS SCHWIMMEN

Wer sich in Schleswig-Holstein an traditionelle Spezialitäten hält, wird in der Regel kaum enttäuscht. Dazu gehört auch das herbe Bier aus der bekannten Flensburger Brauerei. Genau, das mit dem Ploppverschluss. Rum muss, Zucker darf, Wasser kann sein: Die Rede ist vom Grog, dem Getränk der Wahl, wenn an der Küste eine besonders steife Brise weht. Ähnlich wärmende Wirkung haben auch Glühpunsch, Eiergrog und Geele-Köm-Punsch aus Tee und gelbem Köm (Kümmelschnaps). Wo der Norden es im Allgemeinen mit den härteren Getränken hält, macht Lübeck eine Ausnahme, denn die Hansestadt hat ihren Rotspon. Das raue Seeklima begünstigt die Entwicklung dieser bei Kennern geschätzten französischen

Ob Birnen, Bohnen, Speck oder rote Grütze: Hauptsache, süß!

Rotweine, die in Barriquefässern ausreifen.

SÜSSMÄULER

Die Schleswig-Holsteiner sind Leckermäuler und zwar zu jeder Tageszeit. Zum Nachtisch isst man an der Küste gerne rote Grütze mit Vanillesauce oder flüssiger Sahne, manchmal auch Traditionelleres wie den „großen Hans". Der kommt in verschiedenen Variationen vor, z. B.: Ein Klumpen Hefeteig wird in einen Beutel gegeben und in einem Topf mit Wasser und Speck etwa zwei Stunden gekocht. Ist er gegart, bestreut man ihn mit Zucker und serviert Backobst und Fruchtsauce dazu. Wer es literarisch mag: Thomas Mann machte mit den „Buddenbrooks" den Plettenpudding über den Norden hinaus bekannt. Der Schichtpudding aus Makronen, Himbeeren, Biskuits und Eiercreme wird nicht nur in Lübeck serviert. Und zum Nachmittagskaffee gehört ein Stück Kuchen sowieso dazu.

KNEIPEN, RESTAURANTS & GOURMETTEMPEL

Die Möglichkeit, an der Küste eine passende Futterquelle zu finden, ist hoch. Fast jedes Hotel verfügt über ein eigenes Restaurant, in dem es meist eher gutbürgerliche Küche gibt. Die Küstenorte mit eigenen Häfen haben oft tolle Fischrestaurants. Gekocht wird nach Angebot: Was in den Netzen war, kommt auf den Tisch.

Auch die Feinschmeckerküche hat deutlich an Niveau gewonnen. Das zeigt nicht nur die Zahl der Spitzenköche, die sich an der Küste niedergelassen haben. Ein Aushängeschild ist das Schleswig-Holstein Gourmet Festival, das von September bis März Spitzenköche ins Land lockt (gourmetfestival. de). Die bodenständige Alternative dazu ist das Ostseegericht: Seit 30

Schmeckt nicht nur im Grog oder Tee: Rum aus Flensburg

zweiten schmeckt es, wetten? Gutes Beispiel ist die beliebte Hausmannskost aus Speck, grünen Bohnen und kleinen Perlbirnen, die mit Stumpf und Stiel gekocht werden. Die Süße der Birnen verbindet sich mit dem kräftigen Raucharoma des Specks zu einem besonderen Geschmack.

REGIONALE KÜCHE

Viele Gastronomen haben die regionale Küche neu entdeckt und servieren althergebrachte Gerichte in zeitgemäßer Form. Für Speisen mit frischen Zutaten aus einheimischer Produktion wirbt die Initiative „Feinheimisch", in der sich Küchenchefs, Erzeuger und Gäste zusammengeschlossen haben (feinheimisch.de). Wenn es im Herbst und Winter ungemütlich wird, stehen dicke Suppen und Eintöpfe zum Aufwärmen hoch im Kurs. Holsteinische Kartoffelsuppe, fein gewürzt und eher wie ein Eintopf in vielen Landgasthäusern serviert, geht dann durch und durch und wärmt kalte Finger wieder auf. Fruchtig, für manche ungewöhnlich und ein Heilmittel bei Erkältung ist die Fliederbeersuppe mit Grießklößchen. Für alle, die von südlich der Elbe angereist sind, ist Labskaus etwas für Mutige. Das liegt an Farbe und Konsistenz des Gerichts. Das an Land wohl bekannteste Seemannsgericht sieht aus wie „vorgekaut". Der Smutje soll in diesem Gericht sämtliche Vorratsreste einer langen Reise verarbeitet haben. Heute präsentiert sich Labskaus an Land weniger dramatisch. Hinein gehören gepökeltes Fleisch, Rote Bete und Kartoffeln, gekrönt von einem Matjes.

Jahren wetteifern Gastronomiebetriebe an der Küste und im Hinterland

INSIDER-TIPP
Für Sparfuchs-Gourmets

zum Saisonauftakt um die originellsten und schmackhaftesten Gerichte aus der regionalen Küche, die dann jeweils eine Saison lang günstig angeboten werden.

GEWAGTE MISCHUNG

Wie auch immer sich das entwickelt haben mag, der Norden mag es süß-sauer. Frischer Grünkohl? Da muss Zucker drüber. Holsteiner Sauerfleisch? Geht nur, wenn ordentlich Essig drin ist. „Brooken Sööt" nennt der Norddeutsche dies – gebrochene Süße. Auf den ersten Bissen mag es ungewohnt sein, doch schon beim

Unsere Empfehlung heute

Vorspeisen

KIELER SPROTTEN
Kleine, heringsähnliche Räucherfische

MATJES
Eingelegter, junger Hering

SCHWARZBROT
mit Käse oder Katenschinken

Hauptgerichte

SPARGEL
mit Holsteiner Katenschinken

GRÜNKOHL
mit Kochwurst, Kassler, Schweinebacke
und Kartoffeln

PANNFISCH
Gebratener Fisch, dazu Bartkartoffeln

BIRNEN, BOHNEN UND SPECK
mit Birnen und Bohnen aus dem Garten

SCHNÜSCH
Gartengemüse gekocht mit Milch,
Kartoffeln und einem Schinkenknochen,
mit Matjes

Desserts

ROTE GRÜTZE
mit Milch oder Vanillesauce

FÖRTCHEN
Süßes Hefegebäck mit Apfelmus

PLETTENPUDDING
Biskuit, Makronen, Himbeeren und
Eiercreme geschichtet

MEHLBÜDDEL
Teigklöße mit Dörrobst oder Specksauce
und Sirup

Getränke

PHARISÄER
Kaffee mit Rum und Sahnehäubchen

GROG
mit Flensburger Rum

EIERGROG
aus Rum und schaumig geschlagenem
Eigelb

LÜBECKER ROTSPON
aus französischem Rotwein

SHOPPEN & STÖBERN

Regionaltypisches gibt es in großer Auswahl. Sehr beliebt sind süße Leckereien und originelle Gebrauchsstücke wie Schmuck oder Textilien mit maritimem Touch.

EINKAUFEN AM GARTENZAUN

Selbst gekochte Marmelade aus Erdbeeren vom Feld nebenan, dazu frische Eier, ein Pfund Kartoffeln oder ein paar Äpfel. Und das alles aus dem kleinen Schränkchen, das am Gartenzaun des Bauernhauses hängt. Im Sommer kann man sich bequem mit frischen Lebensmitteln eindecken, die so mancher Landwirt, Garten- und Hühnerbesitzer einfach vor seiner Haustür verkauft. Der Preis steht meist fest oder man wirft einfach das, was man denkt, was es wert ist, in die bereitstehende Kasse. Einkaufen ist hier Vertrauenssache. Und mit den leckeren Konfitüren hat man auch gleich ein tolles Mitbringsel.

WAS FÜR DIE HÜFTE

Das berühmte Lübecker Marzipan steht als Mitbringsel von der schleswig-holsteinischen Ostseeküste unangefochten an oberster Stelle. Kunststück, es wird überall in der Region in Hunderten verschiedenen Sorten und von verschiedenen Herstellern angeboten. Aber auch Herzhaftes wie Katenschinken oder Räucheraal lässt sich, in feste Folie verschweißt, problemlos als kulinarisches Andenken mit nach Hause nehmen. Genauso wie die Kieler Sprotten: goldfarbene, schmackhaft geräucherte kleine Fische, die, entsprechend verpackt, rund zehn Tage haltbar sind. Wer den Fisch lieber in Form von Schokolade mag, greift zu Schokosprotten.

DEKORATIVES FÜR ZU HAUSE

Segelschiff plus graue Wolken über aufgewühltem Meer auf Leinwand, zarte Glaskunst oder der Pulli aus fei-

In Lübeck shoppt man (nicht nur) Marzipan, in Flensburg Rum und Kunsthandwerk

ner Schurwolle von den Schafen nebenan. Wer sich für Kunsthandwerk interessiert, wird an der Ostseeküste fündig. Das Niveau ist hoch, die Bandbreite gewaltig: Werkstätten, Ateliers und Läden mit Keramik, Glas, Schmuck oder Textilien finden sich nicht nur in den größeren Städten, sondern oft auch in kleinen Orten oder mitten auf dem Land.

STRANDGUT

Wer gänzlich uninspiriert ist, was er den zu Hause Gebliebenen mitbringen soll, kann am Strand immer noch Muscheln sammeln. Oder Steine. Gerade an den Steilküsten findest du schöne Exemplare – und jedes Stück ein Unikat!

BLING-BLING INSPIRED BY THE SEA

Warum sich nicht mal eine Muschel ans Ohr hängen? Das sieht albern aus? Nicht, wenn es sich um Schmuck handelt. Maritime Accessoires gehen immer, auch für die Herren. Für die gibt es z. B. Armbänder mit Ankerverschluss. Ansonsten sind Pullis, T-Shirts oder Jacken mit maritimen Mustern oder Applikationen eine kleidsame Erinnerung an einen Urlaub an der See.

SINNLICHES SHOPPEN

Auf Wikipedia wird Beate Uhses Firmenimperium lapidar „erotischer Zubehörhandel" genannt. Die wohl berühmteste Frau Schleswig-Holsteins versorgte von Flensburg aus das Land mit aufreizender Unterwäsche und anderen luststeigernden Utensilien. In Flensburg gab es den allerersten Sexshop der Welt, der hat aber mittlerweile geschlossen. Trotzdem kannst du in der Fördestadt immer noch an der Quelle einkaufen. Allerdings beim Mitwettbewerber *Orion,* der sein Hauptquartier im Schäferkamp 12 hat.

SPORT

Im Wassersportparadies Nummer eins bleiben keine Wünsche offen – das gilt auch für Landratten. Die Küste ist lang, Segel- und Surfreviere gibt es bis zum Abwinken. Doch auch wer sich lieber auf dem Trockenen bewegt, findet Platz für alle möglichen Aktivitäten.

GOLF(VARIANTEN)

Auf annähernd zwei Dutzend meist herrlich gelegenen Golfanlagen entlang der Ostseeküste kann eingelocht werden. Einen Überblick bieten die Website *golfkueste.de* und das kostenlose Magazin „Golfküste". Frisbee nach Golfregeln wird auf der Disc-Golf-Anlage in Kellenhusen gespielt. In Scharbeutz lockt Adventure-Golf auf einer Dünenanlage. Nahe Flensburg im Ort Hüllerup *(swin-golf-huellerup.de)* kannst du dich in Swin-Golf oder Fußballgolf üben.

HOCHSEILKLETTERN

Hochseilgärten gibt es auf Fehmarn *(Tel. 04371 50 31 02 | siloclimbing. com)*, in Grömitz am Lensterstrand *(Tel. 04562 2 66 29 40 | short.travel/osh12)*, in Scharbeutz *(Tel. 0151 61 31 31 10 | waldhochseilgarten-scharbeutz.de)*, am Falckensteiner Strand *(Tel. 0431 3 10 49 47 | highspirits-kiel.de)* in Kiel, bei Eckernförde in Altenhof *(Tel. 04351 66 73 33 | hochseilgarten-eckernfoer de.de)* und in Bad Malente-Gremsmühlen *(Tel. 04523 73 89 | hochseil garten-malente.de)*.

INLINESKATEN

Die breiten Ostseepromenaden sind fürs Inlineskaten wie geschaffen. Auf den meisten ist das Entlangflitzen sogar erlaubt. Zu den beliebtesten Strecken am Wasser zählen die *Kiellinie* an der Kieler Förde und die Strecke zwischen

INSIDER-TIPP
Speed at the Beach

Ist die Welle perfekt, bringen Kitesurfer Farbe in den Himmel überm Schönberger Strand

Schönberger Strand und Laboe. Von Mai bis Sept. treffen sich Skater in Kiel regelmäßig zur *Blade Night (kiel-blade-night.de)*. Das Gleiche gilt für Eckernförde *(Mai–Sept. 1. Fr im Monat | ostsee-racingteam.de)*.

LAUFEN & NORDIC WALKING

107 Routen von 2 bis 16 km Länge umfasst das offizielle Laufstreckennetz an der Ostseeküste und durch die Holsteinische Schweiz, das einheitlich mit grünen Pfeilen ausgeschildert ist. Rund 2000 Hinweisschilder und fast 100 Start- und Übersichtstafeln weisen Nordic Walkern und Läufern den Weg.

PADDELN & KANUFAHREN

Wasserwandern und Paddeln begeistern Urlauber auf der urwaldartig umwachsenen Schwentine, z. B. ab Eutin. In vier Tagen geht's 50 km flussabwärts bis nach Kiel; Infos: *Touristinfo (Tel. 04521 7 09 70)*. Auch die be-

schauliche Wakenitz bietet sich für eine ⚑ Paddeltour von Lübeck nach Ratzeburg an, Verleih u. a. beim *Kanucenter Krebs (Tel. 04501 4 12 | kanucenter.de)*. Der Große Plöner See *(Wassersportzentrum Segelschule Plön | Tel. 04522 41 11 | segelschule ploen.de)* lockt Kanu- und Kajakfahrer an. Weitere Informationen gibt der *Landes-Kanu-Verband Schleswig-Holstein e. V. (kanu-sh.de)*.

RADFAHREN

Radler finden nahezu überall ausgeschilderte Routen vor, für die die örtlichen Touristinfos Karten- und sonstiges Material bereithalten. Zu den beliebtesten Strecken gehört der Ostseeküsten-Radweg. Nützliche Informationen und GPS-Daten zum Routenverlauf bündelt die Website *ostseekuesten-radweg.de*. Viele Orte bieten spezielle Radreisepauschalen an. In jedem größeren Ort können Rä-

Nasse Hufe können bei einem Ausritt an der Ostsee schon mal vorkommen

der ausgeliehen werden. Die meisten Regionalzüge und Fähren nehmen Zweiräder mit. Informationen findest du unter *sh-radroutenplaner.de.* Auch die Tourismus-Agentur, der *Ostsee-Holstein-Tourismus e. V.* (s. S. 129) und der *ADFC (Kiel | Tel. 0431 6 31 90 | adfc-sh.de)* helfen weiter.

REITEN

Das Leben ist kein Ponyhof? Nun, an der Ostseeküste und in ihrem Hinterland irgendwie schon. Denn Reiter- und Ponyhöfe gibt es hier in großer Zahl, und zumindest in der Nebensaison darf man direkt am Strand entlangreiten. Informationen unter *landsichten.de* und *komm-zum-reiten. de.* Auch die Touristinfos sowie der *Pferdesportverband (pferdesportverband-sh.de)* geben Auskunft.

INSIDER-TIPP
Da werden Reiterträume wahr ...

SEGELN, SURFEN & KITEN

Die Liste der Traumreviere für Segler an der Ostseeküste ist lang. In über 150 Häfen gibt es Liegeplätze für Segelboote. Fast in jedem Ostseebad bieten Segel- und Surfschulen Kurse an. In und um Flensburg ist auch das Mitfahren auf großen Segelschiffen möglich *(Tel. 0461 9 09 09 20).* Auch die Schlei *(Infos: Tel. 4621 85 00 56 | ostseefjordschlei.de)* ist ein ideales Segel- und Surfrevier ebenso wie die Eckernförder Bucht mit mehreren Yachthäfen und Segelschulen *(Tel. 04351 7 17 90).* Im Olympiahafen Kiel-Schilksee trifft sich nicht nur die Elite des Segelsports, hier findet jeder seinen Ankerplatz. Auch auf den großen Binnengewässern Selenter See, Großer Eutiner See und Großer Plöner See herrschen optimale Bedingungen. Auf Fehmarn schätzen die Sportler die tollen Segel-, Surf- und Kitereviere rund um die Insel. Für Surf- und Kite-anfänger sind die geschützten Buchten der Insel ideal, hier ist z. B. die *Kite-Surf-Schule (Tel. 0171 9 26 78 93 | kitesurf-guide.de)* in Burgtiefe aktiv.

STAND-UP-PADDLING/ LONGE-CÔTE

Auf einem wackeligen Brett übers Wasser paddeln: ein Trendsport wie gemacht für die Ostseeküste. Viele Wassersportschulen bieten SUP-Kurse an oder verleihen Bretter, z. B. *Nordwind Wassersport e. V. (Tel. 04346 59 55 | nordwind-wassersport.de)* in Eckernförde, Damp und Surendorf, *Paddles and Fins (Tel. 0461 16 72 30 30 | paddlesandfins.de)* in Glücksburg am Strand Sandwig, das Wassersportzentrum *Surf City (Neustadt-Pelzerhaken | Tel. 04561 5 24 81 72 | sailandsurfpelzerhaken. de)* oder die Surfschulen auf Fehmarn;

Auskunft über die *Tourist-Info (fehmarn.de)*.
Übrigens, das Ganze ohne Brett nennt man Wellenwandern oder Longe-Côte. Kurse dafür gibt's im Hotel *Hohe Wacht (Tel. 04381 9 00 80 | hohe-wacht.de)* in Hohwacht.

TAUCHEN 🤿

Taucher finden an der Ostsee künstlich angelegte Riffe, z. B. *Neuenkirchgrund*, und Schiffswracks, z. B. *Inger Klit*. Für Anfänger sind Kieler Förde oder Hohwachter Bucht empfehlenswert. Besonders artenreiche Tauchgebiete sind die Neustädter Bucht, das Brodtener Riff und das Revier rund um Fehmarn, z. B. *Tauchen Südstrand (Tel. 04371 8 85 99 09 | tauchen-suedstrand.de)*. Außerdem: *Aquarius Tauchservice (Schwedeneck | Dänisch Nienhof | Tel. 04308 4 27 | aquarius tauchservice.de)*.

Bei Radtouren an der Küste und im Hinterland ergeben sich auch neue Bekanntschaften

DIE REGIONEN IM ÜBERBLICK

Dänische Leichtigkeit, Windmühlen und Strand satt

Flensburg

Flensburger Förde

FLENSBURG & DIE FÖRDE S. 38

SCHLESWIG & DIE SCHLEI S. 50

Schlei

Schleswig

Eckernförder Bucht

KIEL & DIE KIELER FÖRDE S. 62

Kiel

Nord-Ostsee-Kanal

Schiffe, Boote und Hauptstadtflair

Keine Berge, dafür Hügel, Seen und Schlösser

20 km
12.43 mi

Wikinger-Hochburg und jede Menge Gutshäuser

DANMARK

O S T S E E

Kieler Bucht

Hohwachter Bucht

Fehmarnsund

Viele Seebäder und die schönste Stadt im Norden

Lübecker Bucht

Plön

Neustadt in Holstein

Eutin

DIE HOLSTEINISCHE SCHWEIZ S. 76

Lübeck

LÜBECK & DIE LÜBECKER BUCHT S. 90

Ratzeburg

FLENSBURG & DIE FÖRDE

DEUTSCHLANDS NÖRDLICHSTER ZIPFEL

Die Flensburger Förde liegt direkt an der Grenze zu Skandinavien, und das merkt man schnell. In den kleinen Dörfern mit den Mühlen und Feldsteinkirchen und der Hafenstadt Flensburg herrscht die gleiche Behaglichkeit wie jenseits der Grenze.

„Hyggelig", wie die Dänen sagen, geht es auch am Küstenstreifen zwischen Flensburg und der Schleimündung mit den wunderschönen Naturstränden, bewaldeten Steilufern, Naturschutzgebieten

Zum Flensburg-Panorama gehören Hafen, Marienkirche und mindestens ein Segelschiff

und trubeligen kleinen Yachthäfen zu. Hier ticken die Uhren gefühlt etwas langsamer, und alles ist etwas gemächlicher.

Das setzt sich im Hinterland fort. Denn in Angeln, wie der hügelige Landstrich mit seinen Wiesen, Weiden, Seen, Bächen, Knicks und verträumten Dörfern heißt, erscheint der Himmel immer etwas höher. Ein bisschen wie beim Nachbarn jenseits der Grenze. Das mag auch daran liegen, dass die Landschaft seit Jahrhunderten durch das Miteinander von Dänen und Deutschen geprägt wurde.

FLENSBURG & DIE FÖRDE

2 Nordertor
1 Phänomenta ★

Schloßstraße

Duburger Straße

Königstraße

Ritterstraße

Burgstraße
Landsknechtstr.
Turnierstraße

Bergstraße

Margarethenstraße

Am Schloßwall

Werftstraße

Norderstraße

Norderfischerstr.

Schiffbrücke

Phono Club & Bar

Museumswerft **4**
Museumshafen **5**

Fördetörns ★

Schifffahrtsmuseum **6**

3 Norderstraße

Piet Henningsen 🍴

Neue Straße

Schiffbrücke

Kompagriestraße

7 Sankt-Marien-Kirche

🍸 Porticus

🍴 Strandgut

Fußgängerzone **8**
Norderstraße –
Große Straße –
Holm

Holstengang

MARCO POLO HIGHLIGHTS

★ **FLENSBURG**
Entspannte Menschen, historische Höfe,
dänische Gemütlichkeit: Die Stadt im
Norden ist einfach sympathisch ➤ S. 42

★ **FÖRDETÖRNS**
Mit Museumsschiffen geht's auf große
Fahrt von der Flensburger Schiffbrücke
hinaus auf die Förde ➤ S. 43

★ **PHÄNOMENTA**
Im Flensburger Science-Center darfst du
forschen und experimentieren ➤ S. 42

★ **HOLNIS**
Möwen zählen ist hier nicht schwer,
wenn man sich vom Blick auf die
dänische Küste lösen kann ➤ S. 47

★ **SCHLOSS GLÜCKSBURG**
Früher wohnte hier zeitweise der
dänische König, heute ist das Schloss
ein Museum ➤ S. 46

★ **LANDSCHAFTSMUSEUM
ANGELN/UNEWATT**
Weder Freilichtmuseum noch
Museumsdorf, sondern ein „Dorf-
museum" – mit Bewohnern ➤ S. 48

Reepschlägerbahn

Museumsberg

9 Museumsberg Flensburg

Volkspark

Solitüde

Mäders Restauration

Ballastbrücke

Ballastbrücke

Hafendamm

Unterer Lautrupweg

Am Lautrupsbach

Nordstraße

Friedastraße

Sankt-Jürgen-Straße

Hafendamm

Pilkentafel

Buchenstraße

Jürgensgaarder Straße

Eichenstraße

Brinstraße

Ulmenstraße

Sankt-Jürgen-Platz

Erlenweg

Norderhofenden

Preußerstraße

Bismarckstraße

Rathausstraße

Süderhofenden

Wilhelmstraße

Johannisstraße

Flensburger Brauerei 10

150 m
164 yd

FLENSBURG

(⎙ C–D 1–2) **Beate Uhse, die Verkehrssünderkartei oder das Bier mit dem Plopp: Das sind die Dinge, die den meisten Leuten als Erstes zu ★ Flensburg einfallen.**

Die nördlichste Stadt Deutschlands mit ihren 94 000 Einwohnern, wo man mit einem Bein schon fast in Dänemark steht, ist alles Mögliche, aber nicht langweilig. 700 Jahre Handel und Hafen – darunter über 400 Jahre unter dänischer Krone – haben der Stadt ihren Stempel aufgedrückt. Früher segelte von hier sogar die mächtigste Handelsflotte der Ostsee los. Heute bummelt man entspannt durch versteckte Innenhöfe und an alten Kaufmannshäusern vorbei und trinkt einen Cocktail an der Hafenspitze.

Und wer dachte, der Norden wäre generell flach, sollte mal zu Fuß die Rathausstraße zum Museumsberg hinaufgehen. Die jung gebliebene Universitätsstadt mit ihren internationalen Bewohnern hat Charme, sogar

WOHIN ZUERST?

Fußgängerzone: Von der 1,5 km langen Nord-Süd-Achse in der Stadtmitte erreicht man schnell Museumsberg, Hafenkante und Kaufmannshöfe. Parken geht im Parkhaus in der Speicherlinie oder auf dem Parkplatz neben der Hafenspitze (Hafendamm 1). Vom Hauptbahnhof nimmst du die Buslinie 1 bis zum ZOB.

wenn es regnet. Dann geht man einfach in eine der beiden Rumbrennereien. Baden willst du auch? Bitte sehr: Mit 34 km Länge bietet die Flensburger Förde viele Möglichkeiten dazu.

SIGHTSEEING

1 PHÄNOMENTA ★ 👥 🕯

Bloss nix anfassen? Naturkunde ist doof? Aber nicht in der Phänomenta. Da darfst du an 200 Stationen hemmungslos Knöpfe drücken, Schalter betätigen oder an Hebeln ziehen. Und nebenbei lernst du auch noch was. Physik-Aha-Erlebnis garantiert. *Di–Fr 10–18, Sa/So 12–18 Uhr | Eintritt 11 Euro, Kinder (3–6 Jahre) 3 Euro, Jugendliche 8 Euro | Norderstr. 157–163 | phaenomenta-flensburg.de |* ⏱ *3 h*

2 NORDERTOR

Das Staffelgiebeltor ist das Wahrzeichen der Stadt, erbaut 1595. Über dem Torbogen befinden sich Stadt- und königlich-dänisches Wappen, das Innere nutzt die angrenzende Phänomenta u. a. für eine Ausstellung über den Flensburger Luftschiffer Hugo Eckener (1868–1954).

3 NORDERSTRASSE

Hunderte Schuhe baumeln an Seilen, die über die Straße gespannt sind. Angeblich stammen sie von Schuhkäufern, die so ihre alten Treter entsorgten. Nun ist es Kunst 2.0.

4 MUSEUMSWERFT 👥

Frei nach dem Motto „Was Noah konnte, kann ich auch" darfst du hier selbst

Der Nordermarkt in der Altstadt wird im Sommer zum großen Open-Air-Café

Hand anlegen und dir zeigen lassen, wie man eine Arche baut. Na ja, vielleicht erst einmal ein kleineres Modell. Kleine Bootsbauer lernen hier, wie man mit traditionellen Werkzeugen umgeht. Inspiration gibt es nicht nur im Schifffahrtsmuseum nebenan, sondern direkt vor Ort, denn in der Museumswerft werden immer noch historische Schiffe restauriert oder nachgebaut. *Mo–Fr 8–17, Sa/So 10–17 Uhr | Eintritt (Erwachsene und Kinder) 1 Euro | Schiffbrücke 43 | museumswerft.de | ⏱ 1,5 h*

5 MUSEUMSHAFEN

Wenn der Wind durch den Mastenwald im Museumshafen fegt, kommt Bewegung in die 30 Traditionsschiffe. Dort liegt auch die 👥 *Alexandra (Fahrt 13 Euro, Kinder 7,50 Euro | Tel.*

18 29 18 05 | dampfer-alexandra.de). Für den Heizer des Salondampfers ist sein Job Schwerarbeit: Er arbeitet auf dem letzten seetüchtigen kohlebefeuerten Schiff im Land. Bei den Fahrten gibt er auch mal die Kohleschaufel ab und lässt die kleinen und großen Gäste schippen. ⭐ *Fördetörns* und Sonderfahrten auf den Schiffen des Museumshafens von Mai bis Sept. *museumshafen-flensburg.de.*

6 SCHIFFFAHRTSMUSEUM

Was wären die Seeleute nur ohne ihren Rum gewesen? Das dachten wohl auch die Museumsmacher im historischen Zollpackhaus. Denn während oben im Schifffahrtsmuseum alles im Zeichen der maritimen Geschichte der Stadt steht, riecht es im Keller immer noch nach Rum. Hier lagerten früher die großen Eichenholzfässer mit dem Lieblingsgesöff der Matrosen. Heute ist in den Räumen das 🏴 *Rum-Museum* untergebracht. *Di–So 10–17 Uhr | Eintritt 6 Euro | Schiffbrücke 39 | schifffahrtsmuseum.flensburg.de | ⏱ 2 h*

7 SANKT-MARIEN-KIRCHE

Fast so alt wie die Stadt ist die dreischiffige Marienkirche, 1284 wurde ihr Grundstein gelegt. Guck dir unbedingt den Altar und die Deckenmalereien an, die auch weltliche Szenen zeigen, z. B. den „Wilden Mann", der einen Bären erschlägt.

8 FUSSGÄNGERZONE NORDER-STRASSE – GROSSE STRASSE – HOLM

Du magst es praktisch? In Flensburg lässt sich Shopping mit Sightseeing verbinden, liegen doch zwischen Südermarkt und Nordertor die meisten Sehenswürdigkeiten. So kannst du z. B. einen Blick auf das *Alt-Flensburger Haus (Norderstr. 8)* werfen und in *Sankt Nikolai* am Südermarkt die Orgel bewundern, um dann im nächsten Geschäft zu verschwinden. Durch fremde Tore spazieren ist auch erlaubt, denn von der Fußgängerzone zweigen schön restaurierte Kaufmannshöfe ab.

9 MUSEUMSBERG FLENSBURG ☔

Alte Möbel oder zeitgenössische Kunst sind dein Ding? Dann solltest du den Museumsberg erklettern und in den beiden Häusern, die gemeinsam das größte Museum des Bundeslands bilden, zwischen Bauernstuben, expressionistischer Malerei oder moderner Kunst abtauchen. Und unbedingt den allerschönsten Blick über die Förde genießen. *Di–So 10–17, Mai–Sept. Do bis 20 Uhr | Eintritt 6 Euro | Museumsberg 1 | museumsbergflensburg.de | ⏱ 1,5 h pro Haus*

Das flenst: eine Führung durch die Brauerei – mit Verkostung

🔟 FLENSBURGER BRAUEREI

Du wolltest schon immer mal zur Quelle des „Plopp-Biers"? Rund drei Stunden dauert die Tour durch die Flens-Brauerei und geht vom Sudhaus bis zur Abfüllanlage. Hinterher gibt's einen Snack, und man darf testen. Was? Natürlich Flens. *Mo–Fr 10, 14 u. 18 Uhr, Mai–Sept. auch Sa | Eintritt 9,50 Euro, um 18 Uhr 12,50 Euro | Munketoft 12 | Nähe Hbf. | Anmeldung Tel. 0461 86 31 22 | flens.de*

ESSEN & TRINKEN

STRANDGUT

Psst, willst du Flensburgs bestgehütetes Geheimnis wissen? Dann spazier in den Neptunshof und reih dich in die Schlange ein, die sich regelmäßig vor dem Strandgut bildet. Die Suppen und Aufläufe sind das Warten wert. *Mo–Sa 12–16 Uhr | Große Str. 77b | €*

PIET HENNINGSEN

Indiana Jones und Käpt'n Nemo würden sich hier wohl fühlen: Zwischen Tauchermaske und ausgestopftem Krokodil gibt's einfach die besten Fischgerichte. *Tgl. | Schiffbrücke 20 | Tel. 0461 2 45 76 | restaurant-piet-hen ningsen.de | €€*

MÄDERS RESTAURATION

Die Anlegemanöver der Museumssegler auf der anderen Fördeseite siehst du von hier aus am besten. Da kann man schon mal das Kauen vergessen. Doch der leckere Dorsch, der gerade noch in der Ostsee schwamm, oder das Steak vom Husumer Rind mit saisonalem Salat konkurriert wirk-

lich hart mit dem Blick auf die Stadt. *Mi geschl. | Ballastkai 9 | Tel. 0461 1 50 79 00 | maeders.de | €€–€€€*

SHOPPEN

Von der *Fußgängerzone* zweigen sanierte *Kaufmannshöfe* ab mit Boutiquen, Antiquitäten, Einkaufspassagen. Die *Flensburg Galerie* bietet z. B. über 70 Läden. Die *Rote Straße* ist Zentrum von Künstlern. Mittwochs und samstags ist *Wochenmarkt (7–13 Uhr)* am *Südermarkt.*

SPORT & SPASS

CAMPUSBAD 👥

Freizeitspaß auf 5000 m² mit großem Schwimmer- und beheiztem Außenbecken, Sauna, Planschbereich. *Sportbad Di–Sa 10–22, Erlebnisbad und Sauna ab 14, Sa/So ab 10 Uhr, Ferien auch Mo | Tageskarte 12,50 Euro, Kinder 10 Euro | Thomas-Fincke-Str. 19 | campusbad-fl.de*

FÖRDEFAHRTEN

Zumindest eine Ausflugsfahrt mit dem Schiff auf der Förde solltest du während deines Flensburgbesuchs einplanen. Es gibt mehrere Anbieter und Strecken. *Auskunft bei der Touristinfo (Rote Straße 15–17 | flensburgerfoerde.de).*

STRÄNDE

Statt Sightseeing mal Sand zwischen den Zehen spüren? Setz dich einfach in die Buslinie 3 und fahr zum Flensburger Hausstrand *Solitüde.* Hier geht's über feinen Sand ins flache Wasser, wo in der Hochsaison die DLRG aufpasst. Oder du fährst auf die westliche Fördeseite zu den kleineren Strandabschnitten *Ostseebad* und *Wassersleben.*

WELLNESS

HAMAM FLENSBURG

Als man bei uns gefühlt noch auf den Bäumen hockte, wusste man im arabischen Raum schon den Genuss eines Hamams zu schätzen. Nämlich Entspannung pur. Warum also nicht in Flensburg orientalisch schwitzen gehen? *Di, Fr 12–22 Uhr, nur Frauen Mo, Mi, Do 12–22, Sa 10–22 Uhr | ab 35 Euro | Norderstr. 92 | hamam-flensburg.de*

AUSGEHEN & FEIERN

PHONO CLUB & BAR

Alles rot! Nein, blau! Nein, grün! Die LED-Lichtanlage ist legendär. Und dazu dieser Beat … Hier kann man kräftig abfeiern. Wem es zu bunt wird, der geht mit seinem Longdrink einfach auf die Terrasse und <mark>genießt den grandiosen Blick über den Hafen.</mark> *Schiffbrücke 50 | phono-flensburg.de*

INSIDER-TIPP
Drink mit Hafenblick

PORTICUS

Der Plüschigkeitsfaktor liegt bei nahezu 100 Prozent. Sofas, dunkle Decken und Schnickschnack an den Wänden machen die Kneipe zum zweiten Wohnzimmer vieler Flensburger. Wer nicht auf Glimmstängel verzichten

mag, darf im Raucherraum qualmen. *Marienstr. 1*

RUND UM FLENSBURG

GLÜCKSBURG

11 km / 20 Min. von Flensburg mit dem Auto

Du liebst feinsandigen Strand, eine Kurpromenade und Wanderwege am Wasser und im Wald? Dann auf nach Glücksburg (6000 Ew.), wo man es eine Weile aushalten kann. Funkelndes Juwel des Orts ist ⭐ 🏰 *Schloss Glücksburg (Mai–Okt. tgl. 10–18, Nov.– April Sa/So 11–16 Uhr | Eintritt 8 Euro | schloss-gluecksburg.de | ⏱ 2 h).* Immerhin gilt die Heimstatt der Herzöge von Schleswig-Holstein, Glücksburg und Sonderburg als Wiege der europäischen Königshäuser. <mark>Auf der anderen Seite des kleinen Sees ist übrigens die beste Stelle, um ein Foto vom Schloss zu schießen. Oder von dir und dem Schloss.</mark> Wenn du wissen möchtest, wie Herzogs früher wohnten, dann ist eine Führung *(Juli/Aug. tgl. 14 Uhr, Mai/Juni, Sept./Okt. nur Di, Do, So, Nov.–April nur So | 10 Euro inkl. Eintritt)* genau richtig.

INSIDER-TIPP
Du und das Schloss

Dich hat schon immer interessiert, wie das mit der Energie funktioniert, hast dich aber im Physikunterricht nie getraut zu fragen? In der Umweltbildungsstätte 🎭 *artefact Powerpark (April–Sept. Mo–Fr 9–18, Sa/So 10–18,*

RUND UM FLENSBURG

DANMARK

Smedeby
Kruså
Niehuus
Meierwik
Harrislee
Flensburg
Maasbüll
Tastrup
Altholzkrug
Weseby
Hürup
Kleinwolstrup
Kleinsolt
Husby
Husbyholz
Ausacker
Flatzby
Winderatt
Schwensby
Westerholm
Sterup
Sörup

Holnis ★
Strand Holnis-Drei
Schausende
Skelde
Strand Sandwig
Schloss Glücksburg ★
Glücksburg
Rüde
Bockholmwik
Westerholz
Ulstrup
Ringsberg
Strand Neukirchen
Wees
Neukirchen
Munkbrarup
Langballig
Landschafts-museum Angeln/ Unewatt
Scheersberg

12 km, 50 Min.
8 km, 30 Min.
6 km 1 ½ Std.

A2
5 km
3.11 mi

Okt. tgl. 10–18 Uhr | Eintritt 6 Euro, Kinder 4 Euro | Bremsbergallee 35 | artefact.de | ⏱ 1,5 h) kannst du dich an 30 Stationen ausprobieren.

Der schönste 🐦 Strand des Orts mit kleiner Promenade, Seebrücke und jeder Menge Strandkörbe breitet sich bei *Sandwig* aus. Wenn man schon mal da ist, lohnt sich ein Besuch im Strandbistro *Sandwig (April–Okt. tgl., Nov.–März Mo–Do geschl. | Strandweg 501 | strandhotel-gluecksburg.de | €)*. Denn dort kann man auf der Terrasse die Sonne anbeten und dann eine Runde Fish 'n' Chips verdrücken. So dicht kommen sich Genuss und Sonnencreme selten.

Fans von Wellness und gutem Essen sind im *Vitalhotel Alter Meierhof (tgl. 9.30–21 Uhr | Tageskarte 50 Euro | al ter-meierhof.de)* richtig. Erst schön

Spa und dann zu Spitzenkoch Dirk Luther in die *Meierei (So/Mo geschl. | Tel. 04631 6 19 90 | €€€)*. 📖 *D1*

HOLNIS ★

18 km / 25 Min. von Flensburg mit dem Auto

Möwen statt Menschen sehen? Dann auf zur 400 ha großen Halbinsel Holnis. Am Natur- und Kurstrand kannst du ausgiebig spazieren gehen und die Vogelwelt beobachten. Viele Leute triffst du hier nicht. An der Steilküste *Holnis Kliff* siehst du bis zur dänischen Küste, die zum Greifen nah ist. Wanderst du bis zur äußersten Nordspitze, kannst du im *Fährhaus Holnis (Di geschl. | Tel. 04631 6 13 30 | €€)* Station machen und dort im Kaffeegarten etwas verpusten. Oder du läufst weiter am Wasser entlang bis zum Örtchen

Das Landhaus Unewatt in Langballig ist Museum und Gaststätte

Drei und siehst selbst, warum die 🐦 Wasserkante dort das Prädikat Traumstrand verdient: weißer Pudersand, flaches Wasser und ganz viel Platz für Sandburgen und zum Surfen. 📖 *D1*

MUNKBRARUP

10 km / 20 Min. von Flensburg mit dem Auto

Gerste. Geschält, nicht gemahlen. Wie Bonds Lieblingsgetränk preist Christel Pagel ihre Graupen an. Die werden in der 🐦 *Hollländerwindmühle (Öffnungszeiten s. Website | Spende erbeten | muehle-hoffnung.de | ⏱ 1h)* hergestellt und verkauft, hier war schon Pagels Urgroßvater Müller. „Hoffnung" heißt das Gebäude, kein Wunder, das hier gerne geheiratet wird. Wenn dich das nicht interessiert, dann vielleicht

die romanische *Granitquaderkirche* aus dem 12. Jh. mit Renaissancealtar und monumentalem Löwentaufstein im Dorfkern. 📖 *D1*

LANGBALLIG

15 km / 25 Min. von Flensburg mit dem Auto

Das bäuerliche Leben früher war nicht unbedingt ein Ponyhof, so ohne Traktor und Thermomix. Das ⭐ *Landschaftsmuseum Angeln/Unewatt (Mai–Sept. Di–So 10–17, April, Okt. Fr–So 10–17 Uhr | Eintritt 5 Euro | museum-unewatt.de | ⏱ 1,5 h)* mit seinen fünf Stationen zeigt, wie's war. Nicht wundern über die restlichen Häuser, dort wohnen richtige Menschen, denn das Museum ist gleichzeitig ein Dorf. Im *Landhaus Unewatt (Mo geschl. | Tel. 04636 9 77 12 44 | €€)* kann man sich von dem Zeitsprung erholen. Wer ein Stück wandern mag, geht den 3,5 km langen Weg durch die Langballigau zum Hafen Langballigholz. *D1*

NEUKIRCHEN

31 km / 2 Std. 15 Min. von Flensburg mit dem Fahrrad

Man wähnt sich schon in Dänemark, denn Kirchen wie das kleine Gotteshaus mit seinem viereckigen weißen Turm findet man eigentlich nur beim Nachbarn jenseits der Grenze. Dieses steht allerdings am Rand des malerischen Örtchens an der Steilküste und thront über dem ver-

> **INSIDER-TIPP**
> **Wie bei Robinson**

steckt liegenden schönsten Strandabschnitt der Förde. Der tarnt sich mit Bäumen, die fast bis ans Meer wachsen, weißem Sand und karibikblauem Wasser. Hier verirren sich nur Eingeweihte hin, die die Abgeschiedenheit genießen. *E1*

SCHEERSBERG

23 km / 30 Min. von Flensburg mit dem Auto

Bayern hat seine Zugspitze, Ostholstein seinen Bungsberg und Angeln seinen bei Kleinquern liegenden Scheersberg. Immerhin 70 m hoch ist die höchste Erhebung im ansonsten eher flachen Norden. Und auf dem Berg steht seit 1903 der 20 m hohe Bismarckturm (*tgl. 8.30–19.30 Uhr | Eintritt frei | ⏱ 0,5 h*). Drinnen kannst du eine Ausstellung über Schleswig-Holstein sehen, und von der Aussichtsplattform guckst du bis zur Ostsee. Den Schlüssel zum Turm bekommst du übrigens in der Küche

der angrenzenden Akademie – frag dort einfach danach. *E2*

SÖRUP

24 km / 30 Min. von Flensburg mit dem Auto

Ein bisschen wie im Trailer eines Heimatfilms liegt Sörup zwischen grünen Hügeln und einem See. Eine schicke Granitquaderkirche im Mittelpunkt, drumherum rote und gelbe Backsteinbauten, fertig ist die Idylle. Den benachbarten See haben wahrscheinlich verwirrte Wikinger benannt – denn mal ehrlich, wer nennt ein Gewässer im Norden *Südensee?* Der hat sogar eine Badestelle, wo du kostenlos schwimmen gehen kannst. Den besten Kaffee kriegst du im Bistro im *Rubens Salon (tgl. 16–21 Uhr | soeruper-hof.de*) des Hotels Söruper Hof. Da wird auch Kunst gezeigt, gefeiert, diskutiert und getanzt. Manchmal auch gleichzeitig. *D2*

SCHÖNER SCHLAFEN AN DER FÖRDE

UNTERM STERNENHIMMEL

Über dir der Nachthimmel, vor dir das Meer: Naturfreaks, die per Rad oder zu Fuß reisen, dürfen hinter dem Deich bei Koppelheck wild campen – völlig legal und kostenlos. Zwar nur eine Nacht und ohne Lagerfeuer, und es gibt weder ein Café in der Nähe noch ein Klo (dein Geschäft musst du vergraben). Aber hey, dafür hörst du die ganze Nacht das Meer rauschen. Auf *wildessh.de* steht mehr darüber.

SCHLESWIG & DIE SCHLEI

LAND DER WIKINGER

Nicht nur Norwegen hat Fjorde, denn die Anwohner der Schlei nennen ihre Region liebevoll „Ostseefjord". Mehr als 40 km dringt die Schlei als Meeresarm zwischen der Flensburger Förde und der Eckernförder Bucht landeinwärts und wird vor Schleswig als Große Breite fast zu einem See. Sie trennt Angeln im Norden von Schwansen im Süden.

Auf dem Weg liegen kleine Häfen, Buchten, hügelige Felder, prächtige Gutshöfe und Orte mit reetgedeckten Häusern. So pittoresk,

Schöner wohnen bedeutet hier Reetdach und Schleiblick

dass es fast kitschig ist. Hier gefiel es auch schon den Wikingern. Sie gründeten vor 1000 Jahren den Ort Haithabu und damit einen der wichtigsten Handelsplätze im Ostseeraum. Heute ist die Schlei besonders bei Seglern beliebt. Wenn du sie queren willst, musst du jedoch keine Segel setzen: Nach Missunde und Arnis fahren Fähren, in Lindaunis und Kappeln verbinden Brücken die Ufer.

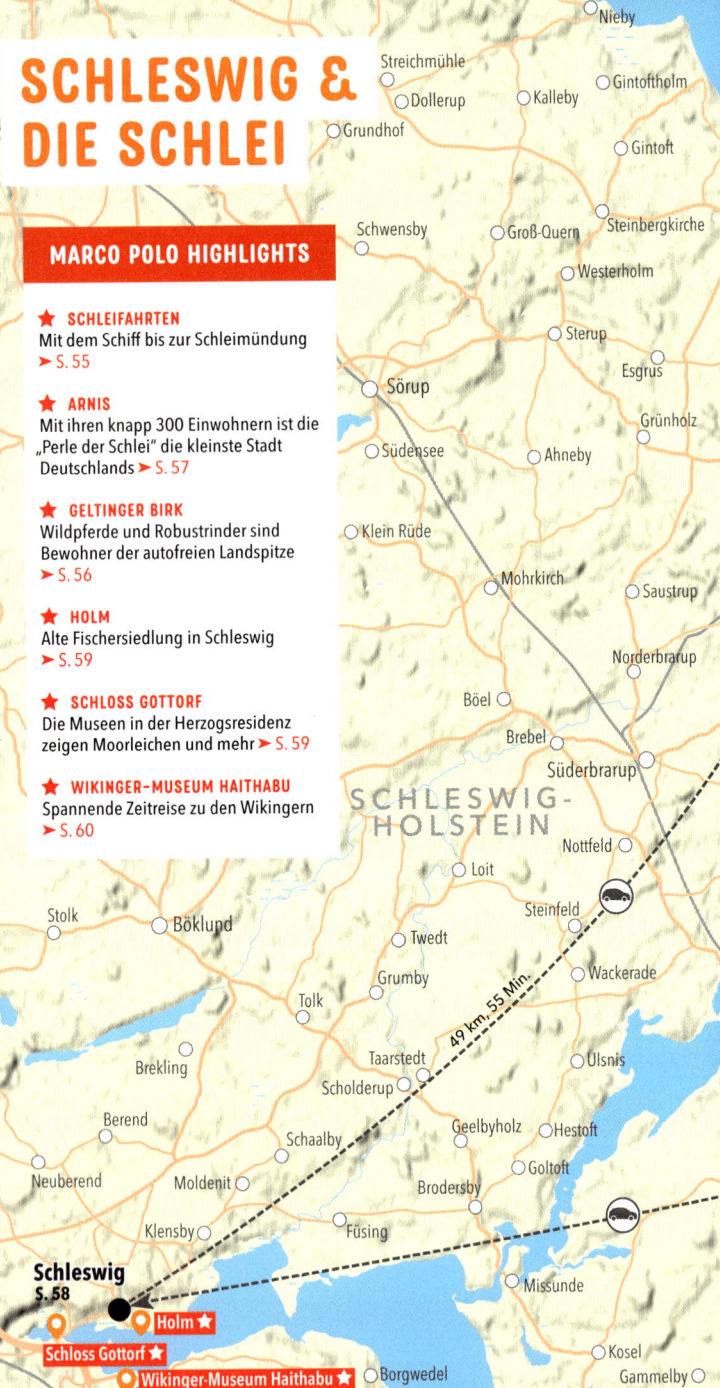

SCHLESWIG & DIE SCHLEI

MARCO POLO HIGHLIGHTS

★ **SCHLEIFAHRTEN**
Mit dem Schiff bis zur Schleimündung
➤ S. 55

★ **ARNIS**
Mit ihren knapp 300 Einwohnern ist die „Perle der Schlei" die kleinste Stadt Deutschlands ➤ S. 57

★ **GELTINGER BIRK**
Wildpferde und Robustrinder sind Bewohner der autofreien Landspitze
➤ S. 56

★ **HOLM**
Alte Fischersiedlung in Schleswig
➤ S. 59

★ **SCHLOSS GOTTORF**
Die Museen in der Herzogsresidenz zeigen Moorleichen und mehr ➤ S. 59

★ **WIKINGER-MUSEUM HAITHABU**
Spannende Zeitreise zu den Wikingern
➤ S. 60

Nieby

Streichmühle

Dollerup
Kalleby
Gintoftholm

Grundhof
Gintoft

Schwensby
Groß-Quern
Steinbergkirche

Westerholm

Sterup

Esgrus

Sörup

Grünholz

Südensee
Ahneby

Klein Rüde

Mohrkirch
Saustrup

Norderbrarup

Böel

Brebel

Süderbrarup

SCHLESWIG-
HOLSTEIN

Nottfeld

Loit

Stolk
Böklund
Steinfeld

Tweedt
Wackerade

Grumby

49 km, 55 Min.

Tolk

Ulsnis

Brekling
Taarstedt
Scholderup

Berend
Geelbyholz
Hestoft

Schaalby
Goltoft

Neuberend
Moldenit
Brodersby

Klensby
Füsing

Schleswig
S. 58

Missunde

Holm ★

Schloss Gottorf ★

Wikinger-Museum Haithabu ★
Borgwedel

Kosel

Gammelby

DANMARK

Geltinger Birk ★ **1**

Nieby

Strand Falshöft

Pommerby

Lehbek

Gelting

Kronsgaard

Stangheck

Rabenholz

Hasselberg

Wippendorf

Kieholm

Schwackendorf

Wormshöft

Schörderup

Stoltebüll

Exhöft

Gulde

Stutebüll

Rabel

2 Maasholm

Grimsfeld

Wittkiel

Sandbek

Oersberg

Schleifahrten ★

Kappeln
S. 54

Lüttfeld

Rabenkirchen

4 km
1 Std.

Kopperby

Brodersby

4 Schönhagen

Faulück

Grödersby

3 **Arnis** ★

Karby

Höxmark

Ekenis

Winnemark

Dörphof

Schuby

6 Sieseby

Thumby

Börentwedt

Damp **5**

Strand Damp

Stubbe

Krieseby

Vogelsang-Grünholz

Seeholz

Großwaabs

40 km, 40 Min.

Söby

7 Waabs

Loose

Barkelsby

5 km
3.11 mi

KAPPELN

(🗺 F3) **An der engsten Stelle der Schlei, kurz vor ihrem Ende, liegt Kappeln (9000 Ew.), Heimat der TV-Sendung „Der Landarzt".**

Bis 2013 konntest du ständig über Cast und Crew der ZDF-Serie stolpern, 25 Jahre lang entstanden die Geschichten in Kappeln und Umgebung. Die Touristinfo erzählt dir gerne, wo. Doch auch ohne Fernsehteam hat Kappeln mit seinen krummen Gassen, Fachwerkhäusern und dem Hafen mit Restaurants und Räuchereien Starqualitäten.

SIGHTSEEING

WINDMÜHLE AMANDA 🚩

Das Wort „Mehrzweckgebäude" wurde für diese Holländerwindmühle erfunden. In dem 32 m hohen Wahrzeichen von 1888 ist u. a. der Sitz der Touristinformation. Oben auf der Galerie, die offen ist, wenn die Info besetzt ist, kannst du über die ganze Stadt gucken und auch auf das *Historische Sägewerk (Mai–Okt. Mo–Do 9–12 u. 13–17, So/Fei 10–12 und 14–17 Uhr, Nov–April nur Di | Eintritt 1,50 Euro |* ⏱ *0,5 h)* nebenan.

HERINGSZAUN

Falls du dich fragst, was da neben der Klappbrücke aus dem Wasser ragt: Es ist der letzte Heringszaun Europas. Wenn die Heringe um Ostern flussaufwärts schwimmen, bleiben sie in den fest verankerten Reusen stecken. Und dann Petri Heil!

ANGELNER DAMPFEISENBAHN 👥

Entschleunigung gefällig? Nimm für die Fahrt zwischen Kappeln und Süderbrarup doch den Zug. Langsamer geht es fast nicht mehr, dafür hast du einen grandiosen Blick auf die wunderschöne Landschaft. Den Rückweg kannst du auch mit dem Raddampfer *Schlei-Princess (s. S. 55)* zurücklegen. *Mai–Sept. So 10.45 u. 13.45, Okt. nur 14, Juli/ Aug. auch Mi 13.45 Uhr | Hin- und Rückfahrt 18 Euro, Kinder 9 Euro | Bahnhof Kappeln | Auskunft bei der Touristinfo | angelner-dampfeisen bahn.de*

> **INSIDER-TIPP**
> **Fahrzeugwechsel**

MUSEUMSHAFEN

Im Kappelner Museumshafen liegen liebevoll restaurierte Oldtimerschiffe, die teils über 100 Jahre alt, teils Nachbauten historischer Vorbilder sind. *museumshafen-kappeln.de*

ESSEN & TRINKEN

SCHOKOLADENKÜCHE

Du musst kein Oompa Loompa sein, um in diese Schokoladenfabrik, äh, -küche eingelassen zu werden. Schau zu, wie süße Köstlichkeiten entstehen, oder fabrizier diese bei Selbstmach-Aktionen *(Termine und Preise s. Website)* einfach selbst. Bei der Tafel-Gießaktion hast du freie Bahn und kannst deine Tafel garnieren, womit du willst: Rosinen, Smarties, rosa Pfefferkörnern … *Mo–Fr 11–18, Sa/So bis 16, Nov.–Feb. Sa nur*

> **INSIDER-TIPP**
> **Selbst ist der Schokoholic**

Fischfang ist auch heute noch ein wichtiger Wirtschaftszweig in Kappeln

bis 14 Uhr | Fabrikstr. 17 | Tel. 04642 98 80 12 | *schokoladenkueche.de*

SPORT & SPASS

RADTOUREN

Rund um die Schlei lässt es sich wunderbar radeln. 15 verschiedene Rundstrecken zwischen 20 und 40 km Länge sind als Thementörns ausgeschildert. *Karten und GPS-Tracks unter ostseefjordschlei.de*

SCHLEIFAHRTEN ⭐

Okay, die Schlei ist nicht der Mississippi und Kappeln nicht New Orleans, aber trotzdem ist die Fahrt mit dem Raddampfer *Schlei-Princess (ab 10 Euro | Tel. 04642 65 32 | schleirad dampfer.de)* ein Erlebnis. Das Salonschiff mit drei Decks startet wie die kleinere *Wikinger Princess* u. a. von Kappeln aus zu Schleitörns.

STRÄNDE

WEIDEFELDER STRAND

Ein Grund, an den 10 km entfernten Strand zu fahren, ist, dass du hier mal keine Kurtaxe zahlen musst. Dabei sollte das nicht ausschlaggebend sein, denn Beachvolleyballer, Hundebesitzer, FKK-Anhänger und Familien haben hier in trauter Eintracht ihren Spaß. Gemeinsamer Treffpunkt für alle ist das Strandrestaurant *Lobster (wechselnde Öffnungszeiten, Mai–Sept. auch Imbissbetrieb und Strandkorbvermietung | Tel. 04642 84 44 | €–€€).*

AUSGEHEN & FEIERN

PALETTE

Kontaktscheu solltest du nicht unbedingt sein, wenn du in Kappelns Kultkneipe aufschlägst. Wirt Hans-Peter Scholz ist es auch nicht. Gerne setzt

Nicht nur für Heiratswillige ein lohnenswertes Ziel: der Leuchtturm Falshöft

sich das Berliner Original zu den Gästen und plaudert. Dazu gibt es Bier und Buletten. Die Räume strahlen den wohnzimmergemütlichen Charme einer Berliner Kneipe aus. Dass hier Konzerte und Lesungen stattfinden, ist ein zusätzlicher Bonus. *Im Winter So geschl. | Kehrwieder 1 | palette-kappeln.de*

RUND UM KAPPELN

1 GELTINGER BIRK ⭐

20 km / 30 Min. von Kappeln mit dem Auto

Salzwiesen, lange Strände, Felder, Wiesen, blaue Lagunen: In dem Naturschutzgebiet mit seinen Wanderwegen, Wildpferden und Hochlandrindern, die als Landschaftspfleger im Einsatz sind, kannst du dich verlaufen. Aber vielleicht willst du ja genau das. Die *Integrierte Station (Öffnungszeiten witterungsabhängig, i. d. R. tgl. 11–17 Uhr | Tel. 04643 18609)* im ehemaligen Lotsenhaus in Falshöft informiert über das Naturschutzgebiet. Malerischstes Fotomotiv ist der rot-weiße *Leuchtturm Falshöft (Führung auf Anfrage | Tel. 04643 18 69 90).* Das Gebäude von 1910 diente fast 100 Jahre lang als Seezeichen, heute kannst du dort mit Blick aufs Meer heiraten. Der 🌴 Strand bei Falshöft ist eher naturbelassen, am flach abfallenden Wassersaum aber feinweiß. Große Menschenmassen kommen hier nicht vor, selbst in der Hochsaison findest du Ruhe. Und bei Ostwind gibt's sogar ordentliche Brandungswellen.

Ist das ein Schloss? So genau lässt sich das bei *Gut Gelting*, an dem du auf dem Weg zur Birk vorbeikommst, nicht sagen: Die dreiflügelige Anlage inklusive Wassergraben in Gelting ist ein Traum in Weiß. Zwar darf man nicht hinein, doch gucken ist erlaubt. ᗌ F2

2 MAASHOLM

9 km / 30 Min. von Kappeln mit dem Schiff

Wo die Schlei vor der Ostsee noch einen vorletzten Haken schlägt, liegt Maasholm. Wenn du durch die Gassen mit den kleinen Häuschen bummelst, ist Schnappatmung angesagt. Hier möchte man ständig „Wie süß!" rufen. Die Fischer, die am Hafen direkt vom Kutter verkaufen, kennen das schon. Vielleicht isst du zur Beruhigung ein Stück Kuchen im Café *Sand am Meer (Mi. geschl. | Hauptstr. 13 | cafe-sand-am-meer.de)*.

In Maasholm beginnt übrigens der *Wikinger-Friesen-Radfernwanderweg*. Wenn du ein paar Schritte wandern magst, ist das *Naturschutzgebiet Oehe-Schleimünde* ein tolles Ziel. Dahinter liegt die *Lotseninsel (lotseninsel. de)*, der kleine Hafen mit der Kultkneipe *Giftbude (April–Okt. | mobil 0176 55 98 51 35 | €)* ist nur per Schiff erreichbar. ᗌ F2

3 ARNIS ★

5 km / 8 Min. von Kappeln mit dem Auto

283 Einwohner hat Bad Arnis und ist damit die kleinste Stadt Deutschlands. Seit 1934 besitzt die Perle mit den fünf Straßen, Yachthafen, drei Werften, der Schifferkirche und den kleinen, teils denkmalgeschützten Häusern schon Stadtrecht. Lass ruhig das Auto stehen und erkunde Arnis zu Fuß. Aber

Vorsicht: Hier droht Verzückungsgefahr! Den schönsten Blick auf den Ort hast du vom Spazierweg, der hinter den Häusern immer am Wasser entlangführt. Hunger? Dann mach nach der Ortsbegehung noch einen Stopp in der *Specht Speisewirtschaft (Mi–So nur abends, So auch mittags | Tel. 04642 9 83 48 63 | specht speiswirtschaft.de | €€)*. ᗌ F3

INSIDER-TIPP
Hintenrum!

4 SCHÖNHAGEN

10 km / 15 Min. von Kappeln mit dem Auto

Der Ort direkt an der Küste ist vielleicht nicht der schönste in der Region. Dafür verströmt er mit seinen Betonklötzchen an der Waschbetonpromenade zu viel 70er-Jahre-Charme. Das bügelt der Strand aber wieder aus. Der ist zwar nicht der breiteste, dafür dürftest du aber abschnittsweise nackt herumlaufen. Den Windsurfern und Seglern ist das egal, für sie herrschen hier – angezogen oder nicht – ideale Bedingungen. ᗌ F3

5 DAMP

15 km / 15 Min. von Kappeln mit dem Auto

Da wollten die Touristiker vor über 40 Jahren den ganz großen Wurf wagen und stampften am Strand mal eben ein paar Bettenburgen aus dem Boden. Wer sich an architektonischen Spitzfindigkeiten nicht stößt, kann eine schöne Zeit haben, denn das Ostsee-Resort Damp *(ostsee-resort-damp. de)* glänzt mit einem großen Freizeitangebot: Hier kannst du wählen zwischen 🜨 *Entdeckerbad (Mo–Fr 11–19,*

Sa/So ab 10 Uhr | Eintritt ab 8 Euro) mit Wikinger-Saunadorf, ☎ Indoorsport- und -spielcenter oder dem Yachthafen. Oder zwischen Segeln, Surfen, Wakeboard und Wasserski auf einer Seilbahnanlage, Tennis, Reiten und Wellness. Und am gut 4 km langen, überwachten 🏖 🐚 Strand, der auch noch kurtaxenfrei ist, findest du immer einen Platz. *F3*

6 SIESEBY 🚩

15 km / 1 Std. von Kappeln mit dem Schiff

Ach, Sieseby, du wirkst wie aus der Zeit gefallen. Beim Spaziergang durch den verträumten Ort am Schlei-Südufer mit seinen weißen, reetgedeckten Fachwerkhäusern solltest du nicht blinzeln. Sonst ist womöglich alles weg. Im gemütlichen *Gasthof Alt Sieseby von 1867 (Mi/Do ab 16.30, Fr–So ab 12 Uhr | Dorfstr. 24 | Tel. 4352 9 56 99 33 | gasthof-alt-sieseby.de | €€€)* kommst du schnell auf den Boden der Tatsachen zurück. Obwohl, der Sonntagsbraten aus Biofleisch, der hier serviert wird, ist auch nicht von dieser Welt … *E3*

7 WAABS

17 km / 20 Min. von Kappeln mit dem Auto

Parallel zur Eckernförder Bucht verläuft die vielleicht schönste Straße Schwansens. Die kurvenreiche Allee Richtung Waabs windet sich in sanften Schwüngen an einigen der prächtigsten Guts- und Bauernhöfen der Region vorbei. Glanzstück: Kleinwaabs mit der gotischen Backsteinkirche aus dem 14. Jh. und dem alten Dorfkern. Zwar liegt auch einer der vielen Campingplätze direkt an der Küste, doch baden kannst du hier trotzdem. Der Strandabschnitt ist stellenweise sehr steinig. **INSIDER-TIPP Geduld wird belohnt** Gehst du aber ein paar Meter weiter die Steilküste entlang Richtung Seeberg, wird er feiner und vor allem viel ruhiger. *F4*

SCHLESWIG

(D4) **Keine Stadt im Norden Europas ist älter. Im 804 gegründeten Schleswig (24 600 Ew.) fanden Fischer, Herzöge und Wikinger eine Heimat.**

Heute erinnert an die einen eine Siedlung, an die anderen ein Schloss und an die dritten ein Museum. Und in der Mitte ragt der Dom hervor. Klingt langweilig? Ist es aber nicht.

SIGHTSEEING

SANKT-PETRI-DOM

Manche Dinge brauchen Zeit. Schon im 11. Jh. setzte man die ersten Steinreihen des Doms. Doch es dauerte fast 800 Jahre, bis er fertig war. Mit den 392 Figuren am *Bordesholmer Altar* von 1514 ist er dafür etwas ganz Besonderes geworden. **INSIDER-TIPP Wie in Hogwarts** Wenn man den imposanten, dreiflügeligen Kreuzgang entlanggeht, kommt man sich ein bisschen vor wie bei Harry Potter. *Mai–Sept. tgl. 9–17, Okt.–April 10–16 Uhr*

HOLM ⭐

Ein einzigartiges Stück Schleswig ist die alte Fischersiedlung. Das malerische Viertel mit seinen blumengeschmückten Häusern war einst eine Insel (Holm) und hat sich viel Ursprüngliches bewahrt. Kopfsteingepflasterte Sträßchen bringen dich ins Zentrum des Viertels: zum kleinen Friedhof. Das 👁 *Holm-Museum (tgl. 10–18 Uhr | Eintritt frei | Süderholmstr. 2 | ⏱ 1 h)* dokumentiert anhand von Fotografien den Wandel des alten Fischerviertels.

SCHLOSS GOTTORF ⭐

Platzmangel war nie das Problem der Gottorfer Herzöge. Auf vier Stockwerken erstreckten sich in der vierflügeligen Anlage unzählige Räume. Blöd nur, dass zwischendurch die Dänen die Herrschaft übers Land hatten und Herzogs kurzerhand packen mussten. Das ging ein paar Mal so hin und her. Seit 1947 ist damit Schluss, denn die *Schleswig-Holsteinischen Landesmuseen* mit ihren Sammlungen zur Kunst- und Kulturgeschichte zogen ins Schloss – Kunst und mumifizierte Moorleichen statt Prunk. Falls dich das alles nicht lockt, gehst du gleich in den 👁 *Barockgarten (Eintritt frei)* mit den sechs Terrassen, Wasserspielen und dem Herkulesteich. Dort steht auch das 🛕 *Globushaus (Nov.–März geschl. | Eintritt 7 Euro)*, in dem sich der Nachbau einer begeh- und drehbaren Weltkugel aus der Barockzeit befindet. *April–Okt. Mo–Fr 10–17, Sa/So bis 18, Nov.–März Di–Fr 10–16, Sa/So bis 17 Uhr | Eintritt 9 Euro | schloss-gottorf.de | ⏱ 3 h*

Auch am Hafen nicht zu übersehen: der Schleswiger St.-Petri-Dom

STADTMUSEUM SCHLESWIG

Kleine Pfoten, plüschiges Fell: Die Bären sind los und haben ein ganzes Haus für sich, auch wenn einige hinter Glas sitzen. Wer sich dafür für zu erwachsen hält, kann durch die Ausstellungen über Schleswig wandern, im *S-Foto Forum* schwelgen oder sich die historische Druckerei ansehen. *Di–So 10–17 Uhr | Eintritt 4 Euro, Kinder 2,50 Euro | Friedrichstr. 9–11 | stadtmuseum-schleswig.de | 1,5 h*

WIKINGER-MUSEUM HAITHABU

Das Land sah noch anders aus, als sich die Wikinger vor 1000 Jahren in Haithabu niederließen und ihr Handelszentrum gründeten. Nun ist hier ein Museum. Bestaun den Schmuck und die Waffen, die man am Siedlungsplatz gefunden hat, oder wandere bei einer Führung durch die Nachbauten der Häuser und tauch in das Leben der wilden Nordmänner ein. Danach siehst du deinen eigenen Alltag ganz anders. *April–Okt. tgl. 9–17 Uhr | Eintritt 8 Euro, Kinder 3 Euro | haithabu.de | 2,5 h*

ESSEN & TRINKEN

STRANDRESTAURANT MARIENBAD

Männer in gestreiften Badeanzügen: An die Badeanstalt erinnern nur noch die Fotos im Café. Heute sitzt man mit Blick auf Dom und Stadt im Strandkorb und genießt selbst gemachte Torte. Gegenüber auf der Schleswiger Seite gibt es mit dem *Strandclub Luisenbad* ein Pendant. Dort kann man beim Cocktail verfolgen, was im Marienbad los ist. *Mo geschl. | Strandweg 1a | Busdorf | Tel. 04621 30 50 33 | strandcafe-marienbad.de | €€*

aus der Region, über offener Flamme gegart und im selbst gebackenen Brötchen. *Mo/Di geschl. | Am Margarethenwall 2 | Busdorf | Tel. 04621 30 50 33 | wikingerschaenke.de | €*

AUSGEHEN & FEIERN

Lässig geht es in der *Bar Jazil (So–Do geschl. | Stadtweg 11)* zu. Beliebt bei Nachtschwärmern ist der *Klähblatt Pub (Mo/Di geschl. | Lollfuß 46 | klähblatt.de/schleswig)* mit Livemusik, und legendär sind die Ü30-Partys im *Vineta (im Gewerbepark an der A 7 | vineta-disco.de).*

KAPHÖRNCHEN

Tagsüber Eisdiele, mutiert das Kaphörnchen abends zum chilligsten Platz von Schleswig. ==Wenn dann der Wind die Kübelpalmen zum== **INSIDER-TIPP** **Traumplatz** ==Rauschen bringt und der Caipi auf dem Tisch steht, wird aus Schleswig mal eben Sansibar.== *Am Stadthafen*

WIKINGERSCHÄNKE

Fleisch ist dein Gemüse, und Honig nimmst du am liebsten in Form von Met zu dir? Dann auf in die Wikingerschänke! Hier sitzt du stilecht auf weichem Fell an langen Holztischen. Und dann die Burger! Mit frischen Zutaten

---

SCHÖNER SCHLAFEN IN SCHLESWIG & AN DER SCHLEI

GÖTTLICH ÜBERNACHTEN

Im Schatten des Doms verbirgt sich in einem 200 Jahre alten Backsteinhaus das *Bed & Breakfast am Dom (8 Zi. | Töpferstr. 9 | Schleswig | Tel. 04621 48 59 91 | bb-schleswig.de | €€).* Die Zimmer: klein wie in einer Puppenstube, aber wunderschön. Das Frühstück: der Hammer mit den leckersten Brötchen der Stadt. Immer noch unentspannt? Hotelchefin Annette Hüffer bietet Yogastunden an.

WIE IM MÄRCHEN

Schneewittchen hat bestimmt gerade erst ausgecheckt. Das *Landhotel Rosenduft (6 Zi. | Glasholz 1 | Holzdorf | Tel. 04352 91 20 03 | landhotel-rosenduft.de | €€)* liegt zwischen Feldern in fast unberührter Natur. Hier kannst du stilecht prinzessinnenhaft unter einem zarten Baldachin im Turmzimmer Rosewood übernachten. Mit oder ohne Traumprinz.

KIEL & DIE KIELER BUCHT

LANDESHAUPTSTADT TRIFFT KÜSTENFLAIR

Stattliche Herrenhäuser, hübsche Dörfer, weiße Strände und schroffe Steilküsten – so abwechslungsreich ist die Ostseeküste zwischen Eckernförde und Kiel sowie dem Ostufer der Kieler Förde und der Probstei.

Schmale, steinige Uferabschnitte sowie feinsandige Strände säumen den Küstenstreifen. Sie werden begrenzt durch Dünen, Deiche und Steilküsten. Auf der Halbinsel Dänischer Wohld findet man 15 km lange, bewaldete Steilufer, die bis zu 30 m hoch sind. Beson-

Anlegeplatz für Kreuzfahrtschiffe ist Kiels Schwedenkai, der direkt an die Altstadt grenzt

ders fein und weiß ist der Strand an der Küste der Probstei, bei den Orten mit den schönen Namen Kalifornien und Brasilien. Surfer und Kiter lieben diesen Küstenabschnitt. Geschäftiger geht es in den Bädern der Kieler Förde zu. Die Landeshauptstadt Kiel ist nahe, und ständig präsentiert sich pralles maritimes Leben: Segler, Fähren, Frachter und Kreuzfahrtschiffe gleiten vorbei. Das bäuerliche Hinterland punktet mit Feldern und Wäldern, durchsetzt von beschaulichen Dörfern, großen Herrenhäusern und idyllischen Seen.

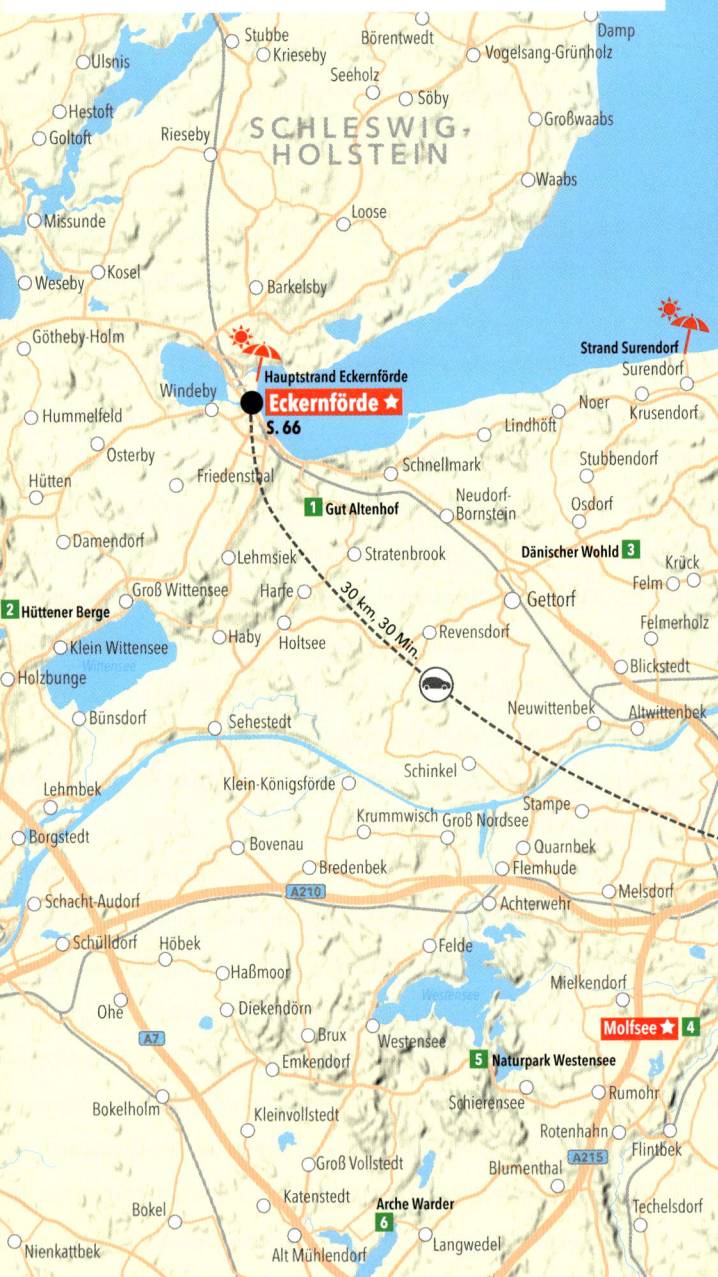

KIEL & DIE KIELER BUCHT

Winnemark

Stubbe · Börentwedt · Damp
Ulsnis · Krieseby · Vogelsang-Grünholz
Seeholz
Hestoft · Söby · Großwaabs
Goltoft · Rieseby
SCHLESWIG-
HOLSTEIN · Waabs
Missunde · Loose
Weseby · Kosel · Barkelsby
Götheby-Holm
Strand Surendorf
Hauptstrand Eckernförde · Surendorf
Windeby · **Eckernförde** ★ · Noer · Krusendorf
S. 66 · Lindhöft
Hummelfeld · Schnellmark · Stubbendorf
Osterby · **1** Gut Altenhof · Osdorf
Hütten · Friedensthal · Neudorf-Bornstein
Damendorf · Lehmsiek · Stratenbrook · **Dänischer Wohld 3**
Krück
Groß Wittensee · Harfe · Felm
2 **Hüttener Berge** · Gettorf · Felmerholz
Klein Wittensee · Haby · Holtsee · Revensdorf
Holzbunge · *Wittensee* · Blickstedt
Bünsdorf · Sehestedt · Neuwittenbek · Altwittenbek
Lehmbek · Klein-Königsförde · Schinkel
Borgstedt · Krummwisch Groß Nordsee · Stampe
Bovenau · Quarnbek
Schacht-Audorf · Bredenbek · Flemhude
A210 · Achterwehr · Melsdorf
Schülldorf · Höbek · Felde
Haßmoor · Mielkendorf
Ohe · Diekendörn · **Molfsee** ★ **4**
A7 · Brux · Westensee
Emkendorf · **5** **Naturpark Westensee**
Bokelholm · Schierensee · Rumohr
Kleinvollstedt · Rotenhahn · Flintbek
Groß Vollstedt · Blumenthal · **A215**
Bokel · Katenstedt · **Arche Warder** · Techelsdorf
6
Nienkattbek · Alt Mühlendorf · Langwedel

30 km, 30 Min.

⭐ **ECKERNFÖRDE**
Wo der Strand gleich hinter der
schnuckeligen Altstadt beginnt ➤ S. 66

⭐ **KALIFORNIEN UND BRASILIEN**
Die weite Welt ist gar nicht so weit weg
und hat wunderbare Strände ➤ S. 75

⭐ **KIELLINIE**
Flaniermeile an der Kieler Förde mit
bestem Hafenblick ➤ S. 68

⭐ **SCHLEUSENANLAGEN**
Kiel-Holtenau: das Nadelöhr zum Nord-
Ostsee-Kanal ➤ S. 71

⭐ **SOPHIENHOF**
Kiel besitzt eines der größten
überdachten Einkaufszentren
Deutschlands ➤ S. 72

⭐ **U 995**
Das U-Boot direkt vor dem Ehrenmal
in Laboe ist ein Stück Zeitgeschichte
➤ S. 74

⭐ **MOLFSEE**
Interessantes Freilichtmuseum auf 60 ha
Fläche, das dich mitnimmt in die
schleswig-holsteinische Kulturgeschichte
➤ S. 73

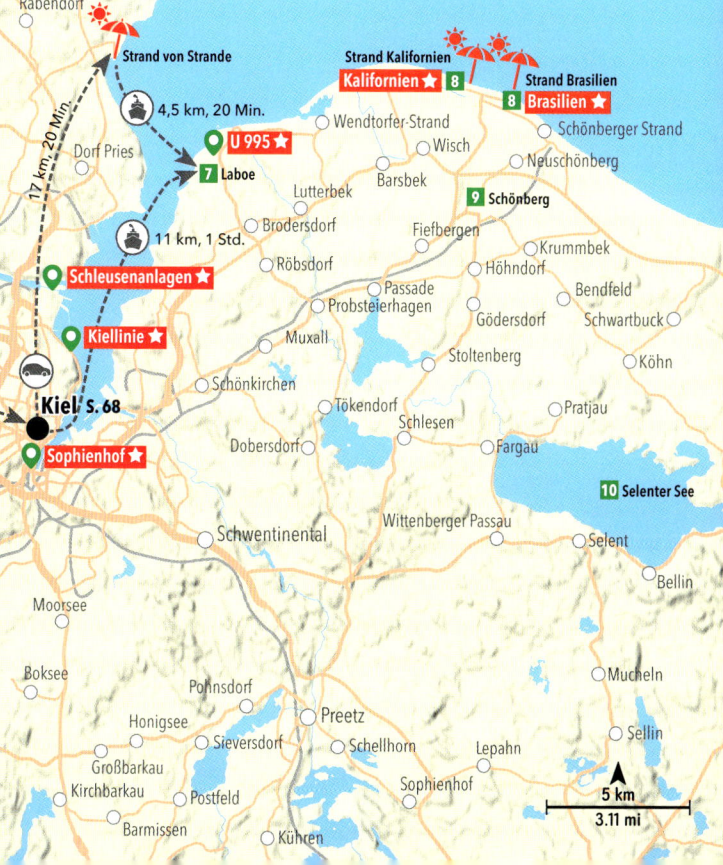

ECKERN–FÖRDE

(□ E4) **Der lange Strand, die Altstadt und der Hafen liegen in** ⭐ **Eckernförde (22 000 Ew.) zusammen. Ein Dreigestirn, das es so an der schleswig-holsteinischen Ostseeküste kein zweites Mal gibt.**

Bereits seit 1830 ist Eckernförde beliebter Familienbadeort. Maritimer geht es fast nicht, denn auch Handel und Fischerei spielen eine Hauptrolle. Gemeinsam mit der Bundesmarine, denn Eckernförde ist Hauptstandort der U-Boote, die von der Strandpromenade aus häufig in Fahrt zu sehen sind. Berühmt sind die Fischräuchereien. Sie liefern die *Echten Kieler Sprotten*, geräucherte Heringsfische.

SIGHTSEEING

ALTSTADT

Zwischen Kieler Straße und Jungfernstieg hat sich in den Gässchen *Kattsund, Rosengang* und *Gudewerdstraße* der ursprüngliche Charakter des Fischerstädtchens erhalten. Vielleicht

INSIDER-TIPP
Die City rockt und swingt

holt dich aber auch eines der ⟨▶ Rock-, Pop- oder Jazzkonzerte *(Eintritt frei),* die zwischen Ende Mai und September auf dem Rathausmarkt stattfinden, wieder zurück aus der Vergangenheit.

MUSEUM ECKERNFÖRDE

Es beherrscht den Marktplatz: das rote Backsteinhaus mit dem Ziegeldach und den Sprossenfenstern, dessen Kernbau um 1420 errichtet wurde, ist das alte Rathaus der Stadt. Statt der Verwaltung ist aber jetzt das Stadtmuseum hier zu Hause. Gezeigt werden Themen wie Stadtgeschichte, Fischerei und eine Elektrosammlung. Lustige Mischung? Stimmt. *April–Okt. Di–So 11–17, Nov.–März Di–Fr 14.30–17, Sa/So 11–17 Uhr | Eintritt 3 Euro | Rathausmarkt 8 | museumeckernforde. de |* ⏱ *1 h*

OSTSEE INFO-CENTER

Das Info-Center am Hafen ist Aquarium, Bistro, Bildungs- und Veranstaltungszentrum in einem. *Tgl. 10–18, Nov.–März 11–17 Uhr | Eintritt 5 Euro | Jungfernstieg 110 | ostseeinfocenter. de |* ⏱ *1 h*

SEE- UND FISCHEREIHAFEN ⚑

Frischer Fisch direkt vom Kutter. Wirklich malerisch ist die Szenerie um die Holzbrücke, die den Hauptkai mit dem Stadtteil Borby verbindet.

ESSEN & TRINKEN

KAFFEEHAUS UND KONDITOREI HELDT

Erst einmal steht man staunend vor dem wunderschönen Fachwerkhaus, dann vor den unglaublichen 120 Gebäcksorten und Marzipanspezialitäten. Also, Gürtel lockern, und los geht's. Man muss auch mal sündigen, oder? *Tgl. | Sankt-Nikolai-Str. 1*

FISCHDEEL

Aus der Kombüse von Küchenchef Torsten Schott kommt vor allem eins:

Fisch. Und zwar in allen Variationen. Weil diese nicht nur bei Seemännern äußerst beliebt sind, solltest du lieber einen Tisch reservieren. *Mo geschl. | Kattsund 22 | Tel. 04351 56 51 | €€*

SHOPPEN

Beim Bummeln durch die kleinen Gasse kommst du an vielen kleinen, individuellen Geschäften vorbei. Zusätzlich verwandelt sich jeden ersten Sonntag im Monat (außer Aug.) das Hafenareal in den traditionellen *Eckernförder Fischmarkt*. Ein Paradies für Naschkatzen ist die *Bonbonkocherei (tgl. | Frau-Clara-Str. 22 | bonbon kocherei.de)* mit Schauküche.

SPORT & SPASS

Maritimer Spaß steht hier im Vordergrund. Die *Touristinfo (Am Exer 1 | ost seebad-eckernfoerde.de)* gibt gern Auskunft über Kutterfahrten und Hochseeangeln.

OSTSEEGOLF
Golfen mit Blick auf den Strand, das geht auf den 18 Kleingolfbahnen am Meer. *Mitte März–Okt. tgl. 10–19, Juli/ Aug. 8–21 Uhr | Eintritt 5 Euro | Preußerstr. 26 | ostseebad-eckernfoerde.de/ golfen*

NORDWIND WASSERSPORT
Zu Füßen der DLRG ist das Wassersportzentrum angesiedelt, das dich mit Segel-, Surf- und Stand-up-Paddling-Kursen raus aufs Wasser bringt. *Tel. 4346 59 55 | nordwind-wasser sport.de*

STRÄNDE

Vier Kilometer lang ist der feinsandige Strand, der sich in Abschnitte wie *Dang (am Ostsee Info-Center)* sowie ✱ *Hauptstrand*, den besonders Familien und Strandkorbsitzer lieben, und Aktivbereich am *Südstrand* (hier ist auch der Hundestrand) unterteilt.

AUSGEHEN & FEIERN

Theater, Musik und mehr bietet *Carls Showpalast (Carlshöhe 47 | carls-events.de)* in Carlshöhe mit Lounge, Terrasse und Biergarten.

Meeresbewohner beobachten – und begreifen im Ostsee Info-Center

RUND UM ECKERNFÖRDE

1 GUT ALTENHOF ⚑

5 km / 8 Min. von Eckernförde mit dem Auto

Auf dem Gutsgelände mit seinem imposanten Herrenhaus liegt einer der schönsten Golfplätze der Region mit *Restaurant (Mo/Di geschl. | Tel. 04351 8 88 96 13 | gutaltenhof.de | €€€)*. Der ehemalige Kuhstall dient als Location für Konzerte des Schleswig-Holstein Musikfestivals. 🗺 E5

2 HÜTTENER BERGE

14 km / 20 Min. von Eckernförde mit dem Auto

Die Hüttener Berge bilden einen Naturpark von 22 000 ha. Mittendrin erhebt sich der Aschberg. Der ist zwar nur 98 m hoch, aber von oben hat man eine herrliche Aussicht. Die genießt auch der alte Bismarck, der als Denkmal dort oben steht, nicht weit von der *Globetrotter Lodge,* einem Outdoor-Seminarzentrum mit Kletter- und Aussichtsturm, Hotel und Restaurant *(tgl. | Tel. 04353 99 80 00 10 | globetrotter-lodge.de | €€)*. 🗺 D–E 4–5

KIEL

(🗺 F–G 5–6) **Die Landeshauptstadt an der Förde wirkt auf den ersten Blick eher distanziert.**

Bei näherer Betrachtung hat die Stadt aber durchaus ihre Reize, präsentiert sich jung und lebhaft. Bis vor 140 Jahren war Kiel eine kleine Universitätsstadt. Erst nachdem Kaiser Wilhelm II. es 1872 zum Reichskriegshafen erklärt hatte, wuchs es heran. Durch den Bau des Nord-Ostsee-Kanals bekam die Fördestadt Anschluss an die Weltschifffahrt. Im Zweiten Weltkrieg wurde sie samt ihrem sieben Jahrhunderte alten Kern fast völlig zerstört.

Heute ist Kiel (246 000 Ew.) politisches und kulturelles Zentrum Schleswig-Holsteins, Fähr- und Frachthafen, Industriestandort, Stadt des Schiffbaus und der Marine. Segler gehören in der „Sailing City" zum täglichen Bild. Ebenso wie die Skandinavienfähren, die am Kai direkt in der Innenstadt festmachen. Im Sommer laufen auch viele Kreuzfahrtschiffe Kiel an. Kieler Woche, Europa- und Weltmeisterschaften sind hochklassige Sportereignisse. Entlang der ⭐ ⚑ *Kiellinie* haben Fußgänger den besten Blick auf das Hafengeschehen. Rund um

WOHIN ZUERST?

Ans Wasser! Auf der **Kiellinie** (🗺 c1–2), der Uferpromenade zwischen Ostseeterminal und Kunsthalle, lassen sich Menschen, Seehunde, Segelboote und „dicke Pötte" prima beobachten. Ein elektronisches Leitsystem weist den Weg zu ca. 20 Parkgelegenheiten in der Innenstadt. Vom Hauptbahnhof nimmst du Bus 41 oder 42 bis zur Haltestelle Kunsthalle.

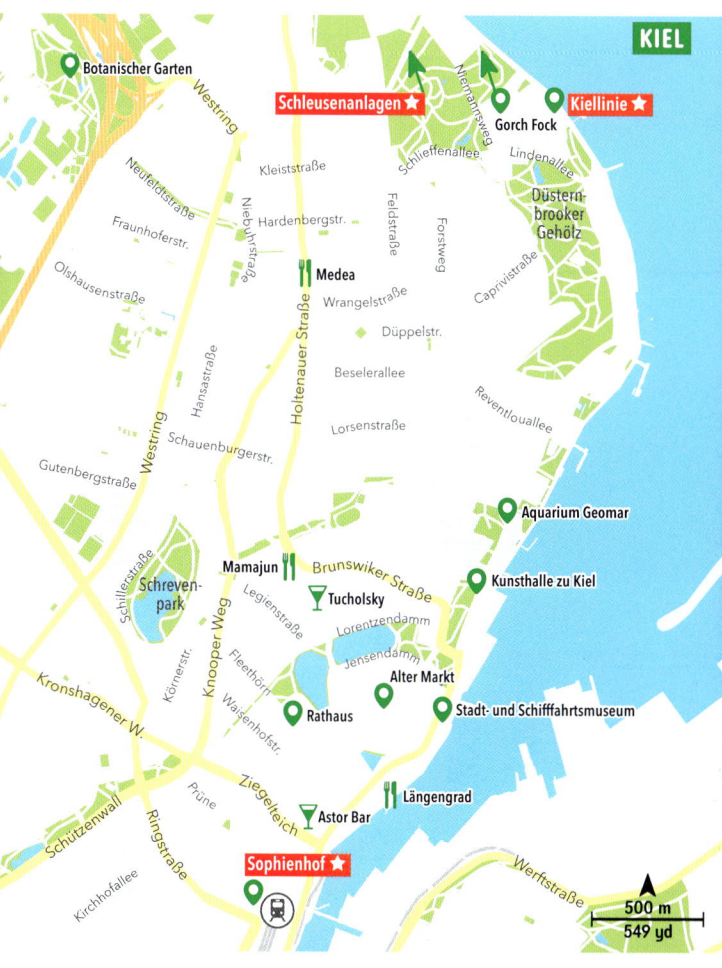

KIEL

- Botanischer Garten
- **Schleusenanlagen ★**
- Gorch Fock
- **Kiellinie ★**
- Medea
- Aquarium Geomar
- Mamajun
- Tucholsky
- Kunsthalle zu Kiel
- Schrevenpark
- Alter Markt
- Rathaus
- Stadt- und Schifffahrtsmuseum
- Längengrad
- Astor Bar
- **Sophienhof ★**

500 m
549 yd

den Schlossgarten locken die acht ☂ Museen am Meer (museen-am-meer.de), die von Kunst über Stadt- und Schifffahrtsgeschichte bis zur Zoologie alle Interessen abdecken. Über die Hörnbrücke, eine klappbare Fußgängerbrücke am Ende der Förde, erreicht man das Ostufer und spaziert an den Oldtimer-Seglern am Germania-

hafen und am Willy-Brandt-Ufer entlang.

SIGHTSEEING

RATHAUS

Die weitläufige, im Jugendstil errichtete Anlage wird von dem 106 m hohen Rathausturm überragt, der gera-

Spannend zu verfolgen ist das Einschleusen der Schiffe in Kiel-Holtenau

mit der *Sankt-Nikolai-Kirche* markiert das historische Zentrum der Stadt, das im Zweiten Weltkrieg zerstört wurde.

STADT- UND SCHIFFFAHRTS-MUSEUM

Die maritime Stadtgeschichte wird in zwei historischen Ausstellungsgebäuden präsentiert, der imposanten *Fischhalle* von 1910 am Hafen und im 400 Jahre alten *Warleberger Hof (Dänische Str. 19)* am Alten Markt. Im Sommerhalbjahr kommt noch eine schwimmende Abteilung hinzu, dann sind an der *Museumsbrücke* hinter der Fischhalle drei Oldtimer-Schiffe zu besichtigen. *Di–So 10–18, Do bis 20 Uhr | Eintritt frei | museen-am-meer. de | ⊙ 2 h*

KUNSTHALLE ZU KIEL

Internationale und skandinavische Kunst des 19. und 20. Jhs. bildet den Schwerpunkt der Sammlung von Kiels größtem Museum, aber auch Zeitgenössisches wird präsentiert. Die Antikensammlung im Erdgeschoss versammelt originalgetreue Kopien berühmter Skulpturen des Altertums. *Di–So 10–18, Mi bis 20 Uhr | Eintritt 7 Euro | Düsternbrooker Weg 1 | ⊙ 2,5 h*

AQUARIUM GEOMAR

Schaufenster in die Nord- und Ostsee sowie in exotische Unterwasserwelten und ein Seehundaußenbecken. Die *öffentlichen Fütterungen (Sa–Do 10 und 14.30 Uhr)* sind ein beliebtes Spektakel. *Tgl. 9–18 Uhr | Eintritt 3 Euro, Kinder 2 Euro | Düsternbrooker Weg 20 | aquarium-geomar.de | ⊙ 1 h*

de renoviert wurde. Von der Aussichtsgalerie kannst du bis zur Förde gucken. Das Rathaus hat noch eine zweite Attraktion, den Paternoster.

INSIDER-TIPP
Fahrstuhl durch den Behördendschungel

Wenn du schon immer mal Paternoster fahren wolltest, hier ist die Gelegenheit.

ALTER MARKT

Am nördlichen Ende der Holstenstraße, Deutschlands erster Fußgängerzone, liegt der Alte Markt. Der Platz

BOTANISCHER GARTEN 👁

Durch den Dschungel reisen und exotische Planzen sehen, ohne Koffer packen zu müssen! Ein Ausflug durch die sieben Schaugewächshäuser des Botanischen Gartens der Uni Kiel schickt dich auf die Spuren von Alexander von Humboldt und Co. *April–Sept. 9–17.30 Uhr, sonst kürzer | Eintritt frei | Am Botanischen–Garten 1–9 |* ⏱ *2 h*

GORCH FOCK

Wenn die Gorch Fock nicht auf den Weltmeeren unterwegs ist, liegt sie im Kieler Tirpitzhafen. Die 81 m lange, schneeweiße und inzwischen grundsanierte Dreimastbark wurde 1958 als Segelschulschiff der Bundesmarine in Dienst gestellt, Offiziers- und Unteroffiziersanwärter starten hier ihre Laufbahn. Zur Kieler Woche ist der Windjammer oft unter Segeln zu sehen.

SCHLEUSENANLAGEN ⭐

Gefühlte Millimeterarbeit ist es, wenn sich Schiffe in die Schleusenanlagen des Nord-Ostsee-Kanals in Kiel-Holtenau einfädeln. Den besten Blick darauf hast du von der 👁 *Aussichtsplattform (Sonnenaufgang bis -untergang | Eintritt 1 Euro)* auf der Südseite im Stadtteil Wik. Rund 30.000 Schiffe fahren pro Jahr durch die 1895 eröffnete und heutzutage meistbefahrene künstliche Wasserstraße der Welt. Auch von den Draußen-Sitzplätzen beim Kiosk am Wohnmobilstellplatz „Förde und Kanalblick" hast du einen Wahnsinnsblick auf das Geschehen. Etwas weiter weg bist du auf dem *Wiker Balkon*, der 2,30 m hohen Aussichtsplattform im *Schleusenpark*. Und wenn du schon mal da bist, solltest du auch die 27 anderen Stationen der *Kulturmeile (maritimes-viertel.de)*, die durch die Stadtteile Wik und Holtenau führt, abklappern.

INSIDER-TIPP Kunstwanderung

Nach Holtenau auf der nördliche Seite des Kanals gelangst du mit der Fußgängerfähre oder über die Hochbrücke. Empfehlenswert ist ein Abstecher zum 🚩 *Holtenauer Leuchtturm*. Der Backsteinbau von 1895 mit der markanten Turmhaube gilt als der schönste Leuchtturm Deutschlands. Rein darfst du zwar nicht, aber umrunden geht. Er steht in einer Grünanlage, von der du perfekten Blick auf die Einfahrt in den Kanal hast. Danach kannst du auf einen Absacker ins *Schiffercafé (tgl. | Tiessenkai 9 | schiffercafe-kiel.de)* gehen.

ESSEN & TRINKEN

LÄNGENGRAD

Von der Dachterrasse aus guckst du bis nach Schweden. Na ja, fast. Dafür siehst du das Anlegen der Fähren und das Gewimmel auf der Förde. Dabei aber nicht das Essen vergessen, denn das ist hier der Hit. *So geschl. | Schwedenkai 1 | Tel. 0431 99 04 87 77 | laengengrad-kiel.de | €€–€€€*

MAMAJUN

Ganzheitlicher Ansatz: Der Betreiber vom *Café Hilda (tgl. | cafe-hilda.de)* hat im gegenüberliegenden Haus ein Restaurant eröffnet. Also erst Kaffee im Hilda, dann rüber zur einfallsreichen, frischen Küche des Mamajun. Hier isst das Auge mit: Nicht nur das Essen ist hübsch angerichtet, auch der Laden mit dem schlichten Interieur ist ausgesprochen schick. *Di–Sa ab 18 Uhr | Jägersberg 6 | Tel. 0431 97 99 31 35 | mamajun-restaurant.de | €€€*

MEDEA

Für Maia Feddersen-Nakwetauri ist es ein kleines Stück Zuhause, für alle anderen eine kulinarische Offenbarung: Die gebürtige Georgierin hat mit dem Medea die Küche ihres Heimatlands nach Kiel geholt. Wo sonst kriegt man am Feuer gebrutzelte Mzwadi? Was das ist? Finde es heraus. *Tgl. ab 17 Uhr | Holtenauer Str. 139 | Tel. 0431 90 88 65 90 | medea-restaurant.de | €–€€*

SHOPPEN

Der glasüberdachte ⭐ ☂ *Sophienhof* mit zwei Verkaufsebenen lädt zum Stöbern und Entdecken ein. Schnuckeliger sind aber die kleinen Geschäfte in der Holtenauer Straße, wie das *Litera (Nr. 55),* wo es zum Buch die passende Flasche Wein gibt.

SPORT & SPASS

SCHIFFSAUSFLÜGE

Im Sommer verkehren die *Fördeschiffe (Tel. 0431 5 94 12 60 | sfk-kiel.de)* im ÖPNV zwischen Kiel und den Badeorten an der Förde. Nicht versäumen: eine *Schwentinetalfahrt (Mai–Sept. | 5 Euro | Tel. 0431 72 24 28 | schwenti netalfahrt.de)* vom Anleger in Kiel-Wellingdorf bis zur Oppendorfer Mühle. Auch Kanu- und Ruderbootverleih.

STRÄNDE

Mit Schiff, Bus oder PKW geht's im Sommer zum ☞ *Falckensteiner Strand* im Stadtteil Friedrichsort. Der breite Sandstrand ist kurtaxenfrei und bewacht. Wer in der Stadt bleibt, besucht das *Seebad Düsternbrook (Juni–Sept. tgl. 10–19 Uhr | Eintritt 3,30 Euro | Kiellinie)* mit der angesagten *Seebar (April–Okt. tgl. 10–23 Uhr).*

AUSGEHEN & FEIERN

Kunst und Kultur werden in Kiel großgeschrieben. Oper, Schauspielhaus, das Kinder- und Jugendtheater sowie das Ballett *(im Opernhaus)* haben einen guten Ruf. Hinzu kommen Privattheater, die Sparkassen-Arena, Konzertsäle und Clubs.

ASTOR BAR

Nicht nur die Cocktails sind hier, in der Bar im 10. Stock des schicken Hotels, erstklassig. Auch der Ausblick ist spektakulär. Immerhin ist sie die älteste Bar der Stadt. Und die höchste. *Holstenplatz 1 | astor.bar*

INSIDER-TIPP
Cocktails on the Top

TUCHOLSKY

Bist du ein Partygänger? Dann ab in die Bergstraße! Hier reiht sich ein Club an den nächsten. Die höchste Studentendichte gibt's wahrscheinlich im Tucholsky, dem wohl größten Partykeller Schleswig-Holsteins. *Di–So ab 23 Uhr | Bergstr. 17 | tucholskykiel.de*

RUND UM KIEL

3 DÄNISCHER WOHLD

20 km / 30 Min. von Kiel mit dem Auto
Hier lässt es sich aushalten. Der Zipfel mit grünen Feldern und kleinen Dörfern zwischen Eckernförde und Kiel besitzt nämlich einen der schönsten Küstenabschnitte der Region. Die siehst du aber nicht vom Autofenster aus. Also, rauf auf den Parkplatz am Kurstrand von Surendorf. Hier ist der Strand so breit wie nirgends sonst an dieser Küste. Das flach abfallende Wasser, kleine Dünen und die Promenade sind ein weiteres Plus, das auch die Wassersportler schätzen. Die nötige Stärkung, um wieder aufs Brett zu steigen, gibt es im *Blauen Seestern (tgl., Nov.–März geschl. | Tel. 04308 18 91 88 | blauer- seestern.com | €–€€).* Wenn du es einsamer magst, fährst du ein paar Kilometer weiter, durch den Wald bei Dänisch Nienhof, und gehst an den kleinen Naturstrand. Das ist auch der perfekte Ausgangsort für einen Spaziergang an der ursprünglichen Steilküste entlang. Laufen kannst du bis zum ☞ *Bülker Leuchtturm (Mai-Sept. tgl. 11–17 Uhr | Eintritt frei | leuchtturm-pavillon.de).* Von dessen Aussichtsplattform hast du den perfekten Blick über die Förde. Der Leuchtturm gehört zum kleinen Badeort *Strande,* der sich um einen netten

Hat Lieblingsplatz-potenzial: das Seebad Düsternbrook

kleinen Strand an der Förde gruppiert, quirliger Hafen und trubelige Promenade inklusive. Schwierigkeiten, dich zu entscheiden? Das *Kaiser Café (Mi geschl. | Tel. 04349 9 15 84 40 | daskaiser.de | €€)* hilft beim Überlegen mit österreichischen Speisen und Strandfeeling. *G–F4*

4 MOLFSEE ★

10 km / 15 Min. von Kiel mit dem Auto
Das Freilichtmuseum gehört zu den schönsten seiner Art in Deutschland. Bauernhäuser, Katen, Windmühlen, Werkstätten aus allen Teilen Schleswig-Holsteins stehen auf dem 60 ha großen Gelände. Handwerker zeigen alte Techniken und wie das Landleben

zu Uropas Zeiten so war. Viele Tiere, auch zum Streicheln, ein historischer Jahrmarkt und eine Museumsbahn begeistern (nicht nur) die jüngsten Besucher. *April–Okt. tgl. 9–18, Nov.–März So/Fei 11–16 Uhr | Eintritt 8 Euro, Kinder 3 Euro | Hamburger Landstr. 97 | freilichtmuseum-sh.de |* ☉ *3 h |* ▥ *F6*

5 NATURPARK WESTENSEE
20 km / 20 Min. von Kiel mit dem Auto
Westlich von Kiel liegt der 25 000 ha große Naturpark mit schönen Wanderwegen. Mittendrin das klassizistische *Herrenhaus Emkendorf (Führungen nach Anmeldung: Tel. 04330 99 46 90 | gutemkendorf.de)*, im 18. Jh. eines der größten Adelshäuser Schleswig-Holsteins. Und wenn du schon mal in Westensee bist, dann gönn dir eins der üppigen Tortenstücke im *Café Zeit (Mo–Fr geschl. | Dorfstr. 23 | cafezeit-westensee.de).* ▥ *D–F6*

6 ARCHE WARDER 👥
24 km / 25 Min. von Kiel mit dem Auto
Mehr als ein Tierpark, denn hier kannst du 365 Tage im Jahr selten gewordene Haustierrassen sehen, bunte Mittelaltermärkte besuchen oder einen Ausflug in die Steinzeit machen. *Tgl. 10–20 Uhr | Eintritt 10 Euro, Kinder 7 Euro | Langwedeler Weg 11 | Warder | arche-warder.de |* ☉ *3 h |* ▥ *E6*

7 LABOE
11 km / 1 Std. von Kiel mit der Fähre
Laboe ist ein lebhaftes Familienbad mit breitem Strand, hübschem Hafen, Hallenbad und Segelschulen. Unübersehbar steht dort das 85 m hohe *Marine-Ehrenmal (April–Mai tgl. 9–18, Juni–Sept. 9–19, Nov.–Feb. 10–16 Uhr | Eintritt 6,50 Euro | deutscher-marinebund.de |* ☉ *0,5 h)* an der Förde. Von der Aussichtsplattform hast du einen phantastischen Blick auf die Landschaft. Direkt zu Füßen des Ehrenmals liegt ⭐ *U 995 (geöffnet wie*

Am Bossee im Naturpark Westensee gibt es viele lauschige Plätzchen

Ehrenmal | Eintritt 5 Euro | ⏱ 0,5 h), das letzte noch erhaltene U-Boot aus dem Zweiten Weltkrieg. Willst du wissen, wie eng so ein U-Boot wirklich ist, musst du nur einmal durch die Röhre kriechen.

INSIDER-TIPP
Kriegerische Sardinenbüchse

Falls du Fisch nur als Sushizutat kennst, ist es Zeit für einen Besuch der 🐊 🎣 Meeresbiologischen Station (April–Okt. Di–So 11–18, Nov.–März nur Do–So | Eintritt 7 Euro, Kinder 5 Euro | Strand 1 | meeresbiologie-laboe.de | ⏱ 1 h). Dort leben Katzenhaie, Knurrhähne, Seehasen und andere Meerestiere in 30 Aquarien. Wenn du den Fisch doch lieber auf dem Teller hast, ist der Backfisch im Selbstbedienungsrestaurant Fischküche (Dez./Jan. geschl. | fischkueche-laboe.de | €) genau richtig. ▭ G5

🖸 KALIFORNIEN UND BRASILIEN ⭐

27 km / 30 Min. von Kiel mit dem Auto

Warum in die Ferne reisen, wenn Traumorte wie Brasilien und Kalifornien auch direkt vor der Tür sind? Okay, du findest hier weder Rio plus Zuckerhut noch Palmen oder Hollywood. Ostsee-Kalifornien und -Brasilien sind auch nicht für besondere Architektur oder ausschweifendes Leben bekannt. Der Strand kann aber mithalten. Je 2 km lang sind die Küstenabschnitte von 🏖 Kalifornien und seiner kleinen Nachbarin 🏖 Brasilien. Geboten werden dir feinweiße Strände und flaches Wasser, perfekt für kleine Wasserratten und Wassersportler, die hier super Bedingungen finden. Genug gesurft? Dann

ab ins Fischrestaurant Seestern (Mi geschl. | Tel. 04344 14 65 | seestern-kalifornien.de | €€). Hier sorgt der Koch selbst für den Fisch. Den hat er nämlich morgens selbst gefangen. ▭ H4

🖸 SCHÖNBERG

22 km / 35 Min. von Kiel mit dem Auto

Mittelpunkt der Probstei und Station der nostalgischen 🚂 Museumsbahn (Hin- und Rückfahrt 5,40, Kinder 2,70 Euro), die im Sommer Sa/So nach Schönberger Strand fährt. Sehenswert: Das Probstei Museum (Mai–Okt. Di–So 14–17 Uhr | Eintritt 3 Euro | ⏱ 1 h) in einem ehemaligen Bauernhof mit heimatkundlicher Ausstellung und vielen Veranstaltungen und das 🚂 Kindheitsmuseum (Juni–Okt. Di–So 14–17 Uhr | Eintritt 3 Euro, Kinder 2 Euro | ⏱ 1 h), das dokumentiert, wie sich das Kindsein seit 1890 verändert hat. Bei den Aktionstagen, die im Sommer sonntags stattfinden, kannst du Spiele, die deine Oma als Kind liebte, selbst ausprobieren. ▭ H5

🖸 SELENTER SEE

25 km / 30 Min. von Kiel mit dem Auto

Mit seinen 2300 ha ist er der zweitgrößte See Schleswig-Holsteins und steht teilweise unter Naturschutz. Sehr hübsch ist Bellin am Südufer mit reetgedeckten Fachwerkhäusern, wo Fischermeister Reese (Am See 27 | reesefischzucht.de) fangfrischen Fisch aus dem See verkauft. Weil dieser in Privatbesitz ist, ist das Ufer nicht überall zugänglich, aber es gibt mehrere 🏊 Badestellen (Moltörp, Pülsen, Seekruger Bucht), wo man – kostenlos – ins Wasser darf. ▭ H6

DIE HOLSTEINISCHE SCHWEIZ

SCHLÖSSER, SEEN UND NOCH MEHR SEEN

Als vor gut 200 Jahren in diesem Gebiet der Fremdenverkehr begann, erfand ein Hotelier einen zugkräftigen Namen für die liebliche Landschaft: Holsteinische Schweiz. Richtige Berge sucht man hier allerdings vergebens. Eigentlich müsste die Gegend eher „Holsteinisches Finnland" heißen, denn dichte Wälder, hügelige, weite Felder und mehr als 150 Seen prägen das Landschaftsbild zwischen Lütjenburg im Norden, Schönwalde im Osten und Bad Segeberg im Südwesten. Die größten Seen

Er ist der größte Schleswig-Holsteins: der Große Plöner See

sind durch die Schwentine verbunden. So ergibt sich eine zusammenhängende Wasserfläche von rund 40 km².
Die gesamte Region, vor allem im Dreieck Plön, Bad Malente und Eutin, gehört zu den bedeutendsten Feriengebieten Schleswig-Holsteins. Hierher zieht es vor allem aktive Urlauber, die gern wandern oder Fahrrad fahren. Auf Ostseeluft muss man dennoch nicht verzichten: Die Strände der Hohwachter Bucht mit ihren beliebten Ferienorten liegen in erreichbarer Nähe.

DIE HOLSTEINISCHE SCHWEIZ

Schönberger Strand
Barsbek · Wisch · Neuschönberg
Lutterbek · Schönberg
Brodersdorf · Fiefbergen
Röbsdorf · Krummbek
Passade · Höhndorf · Hohenfelde · Todendorf
Fahren · Gödersdorf · Satjendorf · Kembs
Muxall · Schwartbuck · Matzwitz
Tökendorf · Stoltenberg · Köhn
Dobersdorf · Pratjau · Dransau · **Gut Panker** ★ **5**
Giekau · Stöfs · Darry
Selenter See · Klamp **Lütjenburg 6**
Wittenberger Passau · Selent · Helmstorf
Rastorfer Passau · Bellin · Kühren
Lammershagen
Mucheln · Hohenhof · Engelau
Dannau
Kloster Preetz ★ · Sellin · Rantzau
1 Preetz · Neukirchen
Schellhorn · Lepahn · 27 km 25 Min. · Sieversdorf · Malkwitz
Lebrade
Sophienhof · Rixdorf · Grebin · **Bad Malente-Gremsmühlen**
Kühren · **S. 84**
45 km 2 ½ Std.
Plön ★ · **5-Seen- und Kellerseefahrt** ★
S. 80 · 17 km, 20 Min.
5 km · **Bräutigamseiche 3**
3.11 mi · **Eutin** ★
Ascheberg · **Plöner Prinzenbad** · Bösau · **S. 82**
Gr. Plöner See · Pfingstberg · Quisdorf
Kalübbe · Dersau · Thürk
7 km, 50 Min. · Braak
Hof Nehmten · **2 Bosau** · Brackrade · Liensfeld
Stocksee · Hutzfeld · Hassendorf · Klenzau
Schmalensee · Wöbs
Damsdorf · Bredenbek · Schwienkuhlen
Tarbek · Sarau
Siblin

Hohwachter Bucht

Hauptstrand Hohwacht

Hohwacht ★
S. 86

Sehlendorf

Döhnsdorf

Weissenhäuser Strand 7

Kaköhl

Wangels

Blekendorf

Nessendorf

Hansühn   Grammdorf

Kükelühn

Testorf

Harmsdorf

Kirchnüchel

Bergfeld

Nüchel

45 km, 2 ½ Std.   🚲 → 4 **Schönwalde am Bungsberg**

Kasseedorf

Röbel

Bujendorf

Rogerfelde

Roge

Neustadt

Altenkrempe

Middelburg

Süsel

Ottendorf

Woltersmühlen   Sierksdorf

Ekelsdorf

Haffkrug

Techelwitz

Kröß

Graswarder ★

Strand Graswarder

Heiligenhafen
S. 88

Ostsee-Erlebniswelt 8

Gremersdorf

Giddendorf

Heringsdorf

Oldenburg
in Holstein

Göhl   Rellin

Wall-Museum 9

MARCO POLO HIGHLIGHTS

★ **5-SEEN- UND KELLERSEEFAHRT**
Eine Schiffsfahrt ist ein touristisches
Muss ➤ S. 85

★ **GRASWARDER**
Der Nehrungshaken vor Heiligenhafen
ist ein Paradies für Vögel und Badegäste
➤ S. 88

★ **GUT PANKER**
Ins Herrenhaus und die alten
Wirtschaftsgebäude sind Galerien und
Läden eingezogen ➤ S. 87

★ **EUTIN**
Jedes Jahr im Mai trifft sich die
Musikszene zum Blues-Festival ➤ S. 82

★ **PLÖN**
Über der Altstadt mit den winkligen
Gassen thront das Schloss ➤ S. 80

★ **KLOSTER PREETZ**
Eine kunsthistorische Kostbarkeit mit
beeindruckendem Barockaltar ➤ S. 82

★ **HOHWACHT**
Der ehemalige Fischerort ist immer
noch ein Geheimtipp ➤ S. 86

PLÖN

(◫ H7) **Das Highlight des ★ Orts (9000 Ew.) sieht man schon von Weitem: das dreiflügelige weiße Schloss.**

Zu seinen Füßen gruppiert sich die verwinkelte Altstadt mit kleinen Gassen. Twieten nennen die Plöner ihre schmalen Stiegen, in denen die Fachwerkdichte sehr hoch ist. Die Kitschkulisse vervollständigt der Große Plöner See (mit 32 km² der größte Schleswig-Holsteins), der direkt zu Füßen des Schlosses und der Altstadt liegt.

SIGHTSEEING

MUSEUM DES KREISES PLÖN

Regionale Exponate sowie eine Glasabteilung mit Erzeugnissen holsteinischer Hütten vom Ende des 17. Jhs. Schmuckstück ist die Hofapotheke (1840). *April–Okt. Di–So 10–12 und 14–17, Nov.–März Di–Sa 14–17 Uhr | Eintritt 2,50 Euro | Johannisstr. 1 | kreismuseum-ploen.de | ⊙ 1 h*

PLÖNER SCHLOSS 👓

Früher Königshaus, heute Augenoptiker-Azubi-Herberge. Das Gebäude im Stil der Spätrenaissance erbaut (1633–1636) war mal Residenz der Herzöge Schleswig-Holstein-Sonderburg-Plön und diente dem dänischen König als Sommerresidenz. Heute kann man das Schloss, in dem ein Optikerkönig eine Bildungsstätte gründete, kostenlos besichtigen. Allerdings nach Anmeldung. *Mi 19–21, Do, Sa/So 16.30–*

18.30 *Uhr, Führungen halbstündlich | Tel. 04522 80 10 | ⊙ 1 h*

PRINZENINSEL

Auf der 14,7 ha großen Halbinsel, die rund 2 km in den See ragt, liegt auch die Hofstelle, wo die Söhne von Kaiser Wilhelm II. in Gartenbau und Landwirtschaft unterrichtet wurden. Die Insel ist zwar Privateigentum des Hauses Preußen, aber öffentlich zugänglich. Der Hof ist heute ein *Restaurant (tgl., Okt.–Dez. Mo/Di geschl. | Tel. 04522 50 87 00 | €–€€).* Zwischen Mai und Sept. kannst du von Plön aus auch mit dem Schiff kommen.

ESSEN & TRINKEN

SEEPRINZ

Aussicht 2.0: das Lokal mit der schicksten Terrasse am Großen Plöner See, wo du von drei Seiten aufs Wasser blickst. Kommst du per Kanu oder Kajak, kannst du direkt an der Terrasse festmachen. Bequem machen kannst du es dir auch auf dem modern gestalteten Mobiliar drinnen, um dir Frühstück, Kuchen oder regionale Gerichte schmecken zu lassen. *Mo/Di geschl. | Strandweg 1 | Tel. 04522 7 89 71 55 | seeprinz-ploen. de | €–€€*

INSIDER-TIPP Boxenstopp für Wasserwanderer

SPORT & SPASS

GROSSE-PLÖNER-SEE-RUNDFAHRT

Von Mai bis Sept. verkehren die Ausflugsschiffe auf dem *Großen Plöner See.*

Abgelegt wird vor dem Hotel-Restaurant Fegetasche, zusteigen kannst du an den Anlegern Segelzentrum, Marktbrücke und Prinzeninsel. *Bis zu acht Abfahrten tgl. | Rundfahrt 11 Euro, nach Bosau (Fahrräder erlaubt) 10,50 Euro | grosseploenersee-rundfahrt.de*

KANU-FÜHRUNGEN

Stadtführungen mal anders. In ca. zwei Stunden paddelst du um Plön, auch ohne Paddelvorkenntnisse *(nur nach Anmeldung, Tel. 04522 5 09 50 | 14 Euro | holsteinischeschweiz.de).*

STRÄNDE

PLÖNER PRINZENBAD

Auf der Insel, die du nur zu Fuß, per Rad oder Ausflugsschiff erreichst, erwartet dich ein 100 m langer, feinsandiger und in der Hauptsaison bewachter Strand. *Stets geöffnet | Eintritt frei*

RUND UM PLÖN

1 PREETZ

14 km / 20 Min. von Plön mit dem Auto
Preetz (16 000 Ew.) war im 19. Jh. die Schusterstadt schlechthin. Wer Holzschuhe noch aus seiner Kindheit kennt und gern auch als Erwachsener in den bequemen und stylischen Botten laufen möchte, ist hier richtig, denn genau eine Holzschuhmacherei gibt es noch. Im kleinen Laden der ⚑ *Holzschuhmacherei Hamann (Mo–Sa 9–13 Uhr und n. V. | Wakendorfer Str. 17 | Tel. 04342 8 12 17 | preetzer-holzschuhe.de)* kannst du nicht nur Schuhe erstehen, sondern auch historisches Werkzeug entdecken.
Noch immer ist ein großer Teil des alten Stadtbilds von Preetz erhalten.

Plöner Schloss: Herzogs wohnten repräsentativ in Höhenlage

Schönes Fachwerk sieht man vor allem in der Kirchen- und Löptinerstraße und Kronsburg – und im ★ *Kloster Preetz* (Führungen im Sommer tgl. 15, hast du Gelegenheit dazu. Göttlichen Kuchen gibt's danach im versteckt liegenden *Café Brooks Achter de Mur.* (Mo/Di geschl. | hof-brooks.de). ▯ *H7*

Nach dem Rundgang durchs Schloss Eutin gibt's eine Kaffeepause

Di/Mi, Fr auch 11 Uhr und n. V. | Eintritt 4 Euro | Tel. 04342 8 68 29 | kloster-preetz.de | ⏱ 1 h) mit der dreischiffigen Backsteinbasilika mit Barockaltar und gotischem Chorgestühl für 70 Nonnen aus dem 13. Jh. ▯ *G6*

▮2 BOSAU

12 km / 15 Min. von Plön mit dem Auto
Idyllisch ist es, das kleine Bosau (3440 Ew.) im Südosten des Großen Plöner Sees. Von hier aus christianisierte Bischof Vicelin Wagrien und errichtete 1152 *Sankt Petri (kirche-bosau.de).* Den geschnitzten Flügelaltar, die Kanzel mit den vier Evangelisten und das imposante Triumphkreuz musst du unbedingt gesehen haben, bei einem Kirchenkonzert z. B.

EUTIN

(▯ J7) Ist ★ **Eutin ein kultureller Hotspot im Kleinformat oder eine zwischen zwei Seen gequetschte Kleinstadt mit Größenwahn?**
Eigentlich beides. Denn in dem klassizistisch geprägten Ort gibt es nicht nur eine Freilichtbühne, auf der jedes Jahr ein Opernfestival stattfindet. Hier gastiert auf dem Marktplatz auch jeden Mai die Musikszene beim größten Bluesfestival Europas. Daneben haben Dichter und Denker, die hier lebten und arbeiteten, dem Ort den Flair des „Weimars des Nordens" verschafft. Ach, und Rosen wachsen auch überall. Daher der Zusatz „Rosenstadt".

SIGHTSEEING

OSTHOLSTEIN-MUSEUM

Das Museum im ehemaligen Marstall des Schlosses widmet sich der Blütezeit Eutins Ende des 18. Jhs. und u. a. dem berühmtesten Sohn der Stadt, dem Komponisten Carl Maria von Weber. Wechselausstellungen zu Kunst und Handwerk. *April–Sept. Di–So 11–17, Sa/ So 10–17.30, Okt–Jan., März Di–Fr 14– 17, Sa/So ab 11 Uhr | Eintritt 5 Euro | Schlossplatz 1 | oh-museum.de | ⏱ 1 h*

SANKT-MICHAELIS-KIRCHE

Die Sankt-Michaelis-Kirche von Anfang des 13. Jhs. ist das älteste noch bestehende Gebäude Eutins.

SCHLOSS EUTIN ☂

Nicht nur für Fans gekrönter Häupter: Die einstige Residenz der Fürstbischöfe von Lübeck und Großherzöge von Oldenburg lässt tief ins frühere Adelsleben blicken. ==Die Führung „Weißes Leinen" zeigt das Leben der Zimmermädchen hinter den Schlossmauern.== Sehenswert sind auch die Alleen im Park und die klassizistischen Gebäude am Schlossplatz wie Marstall, Wagenremise, Kavaliershaus. In der nahen *Stolbergstraße* gibt's noch mehr davon. *Mitte Juni–Ende Okt. tgl. 10–18, Ende März–Mitte Juni/Ende Okt.-Anf. Jan. Di–So 11–17 Uhr | Eintritt 8 Euro | schloss-eutin.de | ⏱ 1,5 h*

INSIDER-TIPP
Dienstboten-
alltag

WASSERTURM

Die 156 Stufen auf das über 100 Jahre alte Industriedenkmal schaffst du

mit links. Zur Belohnung gibt es einen Blick über Altstadt und Seen – Luft holen nicht vergessen! *Mitte Mai–Mitte Sept. Di–So 11–16 Uhr | Eintritt 2 Euro*

ESSEN & TRINKEN

ALTE MÜHLE

Wo früher Korn zu Mehl gemahlen wurde, kriegst du es nun als Schnaps nach Mühlenpfanne, Gyros oder Salat. Auf der Terrasse der Holländermühle auch mit Blick über die Eutiner Dächer. *Mo geschl. | Mühlenweg 5 | Tel. 04521 50 42 | alte-muehle-eutin.de | €*

MARKT 17

Das Innere des Restaurants mag zwar retro sein, die Küche ist es nicht. Freu dich auf toll angerichtete Teller mit kreativen Pasta- oder Fischgerichten. *Tgl. | Markt 17 | Tel. 04521 83 08 37 | €*

SHOPPEN

Der weitläufige, mit Steinen gepflasterte Eutiner Markt ist einer der schönsten Plätze Schleswig-Holsteins. Hier und in den umliegenden Straßen – König-, Peterstraße und Rosengarten – gibt es schicke Boutiquen und Läden. Mittwochs und samstags ist bunter *Wochenmarkt*, samstags (Juni–Aug.) mit Sound: Dann gibt's um 11 Uhr auf dem Platz am Witwenpalais ☀ *Wochenmarktjazz* – gratis.

SPORT & SPASS

BADEANSTALT ☀

Ein nostalgisch anmutendes Badevergnügen bietet die idyllisch gelegene historische Badeanstalt am Großen Eutiner See. *Sommer Mo–Fr 10–20, Sa/So 10–18 Uhr | Eintritt frei | Am Seeschaarwald*

EUTINER SEERUNDFAHRTEN

Von Ostern bis Okt. schippert die *MS Freischütz (Rundfahrt 7,50 Euro | Tel. 04521 33 44 | eutiner-seerundfahrt. de)* auf dem Großen Eutiner See.

AUSGEHEN & FEIERN

Die Kneipenszene in Eutin ist übersichtlich. Die meisten befinden sich in Gehweite der Fußgängerzone.

BRAUHAUS

Man trifft sich im gemütlichen Brauhaus auf ein Bierchen, das hier auch gebraut wird. Im Sommer kannst du auf der baumbeschatteten Terrasse auf dem Marktplatz richtige Biergartenatmosphäre atmen. Nur eben im Norden und ohne Weißwurst. *Di geschl. | Markt 11*

RUND UM EUTIN

🖪 BRÄUTIGAMSEICHE 🐾
4 km / 1 Std. von Eutin zu Fuß

Im nahen Dodauer Forst (ausgeschilderter Wanderweg) gibt es einen Baum mit eigener Postadresse *(Bräutigamseiche | Dodauer Forst | 23701 Eutin),* denn die knorrige, 500 Jahre alte Eiche dient als Briefkasten für Verliebte und jene, die es gern wären. Der

Postbote klettert die Leiter hinauf und deponiert die Botschaften in einem Astloch, wo jeder sie herausholen und lesen kann. ==Wenn du solo bist, vielleicht eine Alternative zum Onlinedating.== Zahlreiche Ehen sollen jedenfalls so ihren Anfang genommen haben. 🗺 *J7*

INSIDER-TIPP
Analoges Tinder

BAD MALENTE-GREMS-MÜHLEN

(🗺 J7) **Vom Wasser aus am schönsten: In der Kleinstadt mit ihren 10 500 Einwohnern, die zwischen Diek- und Kellersee liegt, gibt es kleine Fachwerkhäuser, eine historische Wassermühle, eine Promenade, einen verträumten Kurpark mit Wildgehege und nahe Wälder.**

SIGHTSEEING

IMMENHOF

Pferdefans kennen garantiert die Immenhof-Filme aus den 1950er-Jahren oder die Neuverfilmung von 2019. Den Hof gibt es wirklich, er liegt in Bad Malente und heißt Rothensande. In Erinnerungen schwelgen kannst du im *Immenhof-Museum (Ostern–Okt. Mi, Fr–So 14–17, Führung jeden 1. Sa im Monat 14.30 Uhr | Eintritt 2 Euro | Kampstr. 1 | immenhofmuseum.de | ⏱ 0,75 h),* wo es Plakate, Filmrequisiten und -fotos zu sehen gibt.

Beste Aussichten hast du auf der Dieksee-Promenade in Malente

INSIDER-TIPP

Auf den Spuren von Dick und Dalli

Oder du machst mit Mario Würz im Kleinbus eine Filmtour *(April–Okt. Sa 10 Uhr | 20 Euro | Anmeldung: Tel. 0151 10212951 | Start am Museum)* zu den Drehorten.

ESSEN & TRINKEN

BOOTSHAUS AM DIEKSEE
Erst schön Backfisch auf der Terrasse essen, dann ein Boot ausleihen und alles beim Rudern wieder abtrainieren. Der Besuch lohnt sich also doppelt! *Tgl. | Diekseepromenade 4 | Tel. 04523 3104 | boots-haus.de | €*

CAFÉ GLEIS III
Von Weitem erinnert das Café ein bisschen an eine Tankstelle. Aber man soll ja nicht nur auf das Äußere schauen, denn drinnen kriegst du leckeren Kuchen und Frühstück. *Tgl. | Bahnhofstr. 5a | cafegleis3.de*

SPORT & SPASS

Von Angeln bis Wasserwandern: Malente mit Umland bietet vor allem rund um das nasse Element zahlreiche Freizeit- und Sportmöglichkeiten, z. B. Kanufahren *(bootekeusen.de)*. In Sachen Nordic Walking gehört der Ort zu den Pionieren, 21 Routen führen über 150 km durch die Seenlandschaft.

5-SEEN- UND KELLERSEE-FAHRT ★ ⚑
Die zweistündige Fahrt im Ausflugsdampfer auf den Seen der Holsteinischen Schweiz vorbei an versteckten Buchten und kleinen Inseln ist herrlich entspannend und ein landschaftlicher Genuss, den du auskosten kannst: Wenn es dir irgendwo gut gefällt, gehst du einfach von Bord und fährst mit dem nächsten Boot weiter. *Ostern–Okt. 5-Seen-Fahrt (Anlegestellen: Malente, Niederkleveez, Plön-Fe-*

getasche, Timmdorf) mehrmals tgl., Kellersee-Fahrt (Anlegestellen: Malente, Fissau, Sielbeck-Uklei) Di–So mehrmals tgl. | Staffelpreise | Tel. 04523 22 01 | 5-seen-fahrt.de

STRANDBAD AM DIEKSEE 🐾

Den Sprung ins kühle Nass machst du im Strandbad am nordöstlichen Ufer des Dieksees nahe dem Stadtzentrum (Eintritt frei). Du liebst die Abwechslung? Badestellen gibt es auch am Keller-, Neukirchener, Krumm- und Behler See.

RUND UM BAD MALENTE-GREMS-MÜHLEN

4 SCHÖNWALDE AM BUNGSBERG

29 km / 35 Min. von Bad Malente-Gremsmühlen mit dem Auto

Der Wintersportort des Nordens. Na ja, zumindest ein bisschen. Der Ort mit seinen 2600 Einwohnern liegt am Fuß des *Bungsbergs,* mit 168 m Schleswig-Holsteins höchste Erhebung. Hier ist an Winterwochenenden manchmal sogar ein Skilift in Betrieb – wenn Schnee liegt. Vom 53 m hohen *Fernmeldeturm (tgl. 7–17 Uhr | Eintritt frei)* hat man dann einen tollen Blick auf Pistenbetrieb und die verschneite Landschaft. Und klar, die Aussicht ist auch ohne Schnee grandios. 🗺 *K7*

HOHWACHT

(🗺 *J5*) **Das kleine ⭐ Hohwacht (900 Ew.) zwischen Ostsee und Großem Binnensee hat mehr Charme als alle seine Nachbarn.**

Das mag an seiner Vergangenheit als Fischerdorf liegen. Die erkennt man u. a. an den grünen 🚩 Holzhütten der Fischer neben dem Kurstrand. Dort wird auch heute noch das Equipment gelagert. Kleine Straßen schlängeln sich kreuz und quer durch den Ort, in dem übrigens kein Haus höher sein darf als die Baumwipfel. Am Meer erstreckt sich eine Promenade, die ab der Ortsmitte oberhalb der Steilküste weitergeht. Dort das Atmen nicht vergessen, denn der Blick von der Aussichtsplattform ist: wow!

ESSEN & TRINKEN

SEASIDE

In dem schlichten Holzhaus mit Grasdach kannst du vor dem Strandtag frühstücken, hinterher Pasta essen oder zwischendurch Kaffee trinken. *Tgl., Nov.–März Mo–Do geschl. | Seestr. 14 | Tel. 04381 41 48 60 | seaside-hohwacht.de | €*

STRÄNDE

4 km ist der Strand hier lang, fast genauso lang ist die 20 m hohe, bewaldete Steilküste. Am 🏖 Hauptbadestrand ragt eine Veranstaltungsplattform über das Wasser, die von den Hohwachtern liebevoll „Flunder" genannt wird.

RUND UM HOHWACHT

⑤ GUT PANKER ★

12 km / 15 Min. von Hohwacht mit dem Auto

Panker zählt zu den schönsten Gutsanlagen. Zwar ist das schlossähnliche Herrenhaus nur von außen zu bewundern, doch der Besuch lohnt sich wegen der schönen Geschäfte und Galerien auf dem Gelände. Bekannt ist das historische Hotelrestaurant *Ole Liese* (s. S. 119). Zum Gut gehört auch das 1,5 km entfernte, urige *Forsthaus Hessenstein* (Mi–So ab 17.30, So ab 12 Uhr | Tel. 04381 94 16 | forsthaus-hessenstein.com | €€) am Fuß des 17 m hohen 👁 *Aussichtsturms auf dem Pilsberg (Eintritt 1 Euro, Einwurf am Drehkreuz).* ==Bei klarer Sicht reicht der Blick bis nach Kiel.== *gutpanker.de* | 🛒 J5

INSIDER-TIPP
In Kiel alles okay?

⑥ LÜTJENBURG

34 km / 30 Min. von Hohwacht mit dem Auto

Wenn man nicht aufpasst, fährt man dran vorbei. Man muss schon einen bewussten Schlenker von der Bundesstraße machen, um die Kleinstadt (5500 Ew.) mit ihrem schönen Marktplatz, um den sich historische Häuser wie das *Färberhaus* von 1576 gruppieren, nicht zu verpassen. Nicht zu verfehlen ist die Backsteingotikkirche *St. Michaelis* und der 18,5 m hohen *Bismarck-Turm,* von dem man über die Stadt bis zum Meer gucken kann.

Die *Turmhügelburg (ganzjährig | Spende erbeten | turmhuegelburg.de)* im Lütjenburger Nienthal ist der originalgetreue Nachbau einer mittelalterlichen Burg in dieser Region. Direkter Nachbar ist das 👥 *Eiszeitmuseum (Mai–Sept. tgl. 10–18, Okt.–April Di–So 11–17 Uhr | Eintritt 4 Euro, Kinder 2 Euro | eiszeitmuseum.de),* von dem geologisch Interessierte und Kinder begeistert sein werden – Letztere, weil man hier viel anfassen darf. 🛒 J6

⑦ WEISSENHÄUSER STRAND

16 km / 15 Min. von Hohwacht mit dem Auto

Beliebtes Ferienzentrum, zwar ohne Hochhäuser, dafür mit Plattenbauten und rund 4000 Betten in Apartments, Bungalows und einem Hotel. Spaß und Erholung bieten das 👥 *Abenteu-*

Auch Modellboote kannst du am Hohwachter Strand schwimmen lassen

er-Dschungelland *(tgl. 10–22 Uhr | Eintritt (ab 4 J.) ab 9 Euro | ⏱ 2,5 h)*, mit Reptilienzoo und Hochseilklettergarten, das 👥 *Subtropische Badeparadies (tgl. 9.30–20.30 Uhr | Eintritt ab 16 Euro, Kinder ab 9 Euro)*, das ruhigere *Dünenbad*, ein *Wassererlebnispark* mit Wasserski- und Wakeboardanlage, das Sport- und Spielcenter, eine Fußballgolfanlage sowie Restaurant- und Einkaufsmeile. Nicht zu vergessen: der 3 km lange 👣 Strand mit Dünenlandschaft und Naturschutzgebiet. *weissenhaeuserstrand.de*

Ein halbstündiger Spaziergang auf dem Deich führt nach *Weißenhaus*. Auf dem Gutsgelände mit historischen Gebäuden ist eine Luxus-Hotelanlage *(weissenhaus.de)* mit Gastronomie (s. S. 119) entstanden. 🗺 *K6*

Chillen und Promenieren – beides geht auf der Seebrücke in Heiligenhafen

HEILIGEN– HAFEN

(🗺 *L5*) **Früher ein verträumter Fischerort, heute eine lebendige Hafenstadt (9000 Ew.) mit Deutschlands größter Hochseeangelflotte, einem Yachthafen und einer 🚩 Seebrücke in Zickzackform mit Sonnendeck und Kinderspielbereich.**

Der weitläufige Ort mit großem Shoppingangebot zieht jedes Jahr Tausende Gäste an. Natur und Idylle pur bietet der lang gestreckte Nehrungsarm ⭐ 🚩 *Graswarder (graswarder.de)* mit Badestrand und 15 malerischen, reetgedeckten Strandvillen. Der östliche Teil dieser Landzunge ist Naturschutzgebiet und nur im Rahmen von Führungen zugänglich *(Ostern–Okt. tgl. 10.30 und 15 Uhr | Start am Naturschutzbund-Zentrum)*.

SIGHTSEEING

ALTSTADT

Die in ihrem Kern frühgotische *Backsteinhallenkirche* ist das älteste Gebäude von Heiligenhafen. Ihr zu Füßen liegt der *Alte Salzspeicher (tgl. | Hafenstr. 2 | Tel. 04362 2828 | salzspeicher.com | €€)*, ein Fachwerkhaus aus dem Jahr 1587, heute mit empfehlenswertem Restaurant.

ESSEN & TRINKEN

LÜTT HUS

Winzbude: Bei Küchenchef Marc Strackbein sitzt du so dicht am Herd, dass du quasi Kochunterricht bekommst, ohne hinterher abwaschen zu müssen. Reservier lieber. *Di, Jan./Feb. Mo–Mi, Nov. geschl. | Brückstr. 8 | Tel. 04362 2381 | datluetthus.de | €€*

TREFFPUNKT FISCHHALLE
Nein, das ist kein Imbiss: Zwar bestellst du am Tresen, wo die Bedienung schon mal forsch auftreten kann. Der Fisch ist aber so frisch und lecker zubereitet, dass du dich reinsetzen könntest. *Tgl. | Am Hafen | treffpunkt-fischhalle.de | €*

SPORT & SPASS

AKTIVHUS 🎭 🌴
Das Angebot des Freizeitzentrums im Ostseeferienpark reicht von Bogenschießen bis zur Kletterwand. Zudem gibt es ein kleines Meerwasserbad mit Wellnessabteilung, eine Ladenpassage und die *Schatzinsel (Eintritt Kinder ab 5,50 Euro, Erwachsene frei)*, eine Indoor-Spielwelt. *Eichholzweg 100 | aktiv-hus.de*

STRÄNDE

Das Strandleben findet auf dem *Steinwarder* statt, dem westlichen Teil des Nehrungsarms mit rund 4 km langer Promenade. Funbereich, Hunde-, FKK-, Familienstrand. Hinter dem Ferienzentrum macht die *Sunset Strandbar (sunset-strandbar.de)* abends ihrem Namen alle Ehre. Und dahinter beginnt die bis zu 15 m hohe *Steilküste*. Doch auch der westliche Teil des 🌴 *Graswarders* ist nicht zu verachten und punktet mit weißem Sand und

wenigen Steinen am flach abfallenden Wasser. Hier ist genug Platz, um eine ruhige Ecke zu finden.

RUND UM HEILIGENHAFEN

🐘 OSTSEE-ERLEBNISWELT 🎭 🌴
6 km / 10 Min. von Heiligenhafen mit dem Auto

Das Museum mit Schauaquarien liegt am Fuß eines früher von der Bundeswehr genutzten Turms auf dem Klaustorfer Berg. Dein Ziel, wenn du etwas über die Entstehung der Ostsee, die Geschichte des Fischfangs und einheimische Fischarten erfahren möchtest. *März–Okt. tgl. 10–18 Uhr | Eintritt 10 Euro, Kinder 7 Euro | Bäderstr. 6a | Klaustorf | megameereswelten.de | ⏱ 1,5 h | 🗺 L5*

🐘 WALL-MUSEUM 🎭
13 km / 15 Min. von Heiligenhafen mit dem Auto

Wo mal die Slawensiedlung *Starigard (Alte Burg)* in Oldenburg stand, lädt das Museum mit Außengelände zur Zeitreise. Im Sommer sind die Hütten der nachgebauten Siedlung bewohnt, Besucher erleben dann einen Dorfalltag wie zur Slawenzeit. *April–Juni, Sept./Okt. Di–So 10–17, Juli/Aug. Mo–Fr 10–17, Sa/So 10–18 Uhr | Eintritt 6,50 Euro, Kinder 3,50 Euro | Professor-Struve-Weg 1 | oldenburger-wall museum.de | ⏱ 2 h | 🗺 K6*

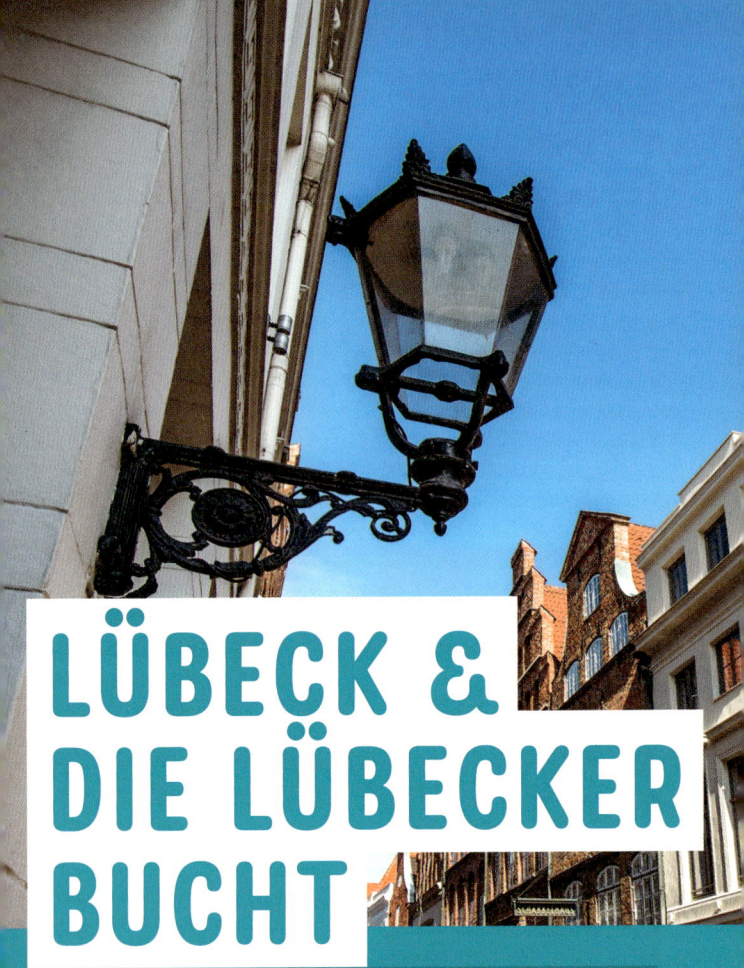

LÜBECK & DIE LÜBECKER BUCHT

TRADITIONSBÄDER UND EINE SONNENINSEL

Mit diesen beiden Schlagwörtern trifft man den Kern der Region schon ganz gut. Doch die Lübecker Bucht prägen auch gelbe Rapsfelder im Frühling, die bis an den Strand reichen, kleine Bauerndörfer im Hinterland, wilde Steilküsten und jede Menge Campingplätze.

Hauptanziehungspunkte sind aber die Badeorte, die sich wie Perlen an einer Kette aufreihen. Vom Familienbad bis zum Nobelort ist an der Küste zwischen Lübeck-Travemünde im Süden und Fehmarn im

In der Lübecker Mengstraße lohnt sich auch der Blick nach oben

Norden alles vertreten. Auf Schleswig-Holsteins einziger Ostseeinsel finden sich dann noch mehr maritime Orte, die mit Surfspots oder Hafenflair aufwarten können. Die Hansestadt Lübeck zieht als wichtigstes Städteziel in Schleswig-Holstein Kulturtouristen an. Allein die Altstadt, Weltkulturerbe der Unesco, ist mit ihren Baudenkmälern ein Erlebnis, hinzu kommt eine lebendige Kulturszene.

LÜBECK & DIE LÜBECKER BUCHT

Wendtorfer-Strand
Schönberger Strand
Lutterbek
Schönberg
Krummbek
Passade
Höhndorf
Probsteierhagen
Stoltenberg
Köhn
Pratjau
Fargau
Wittenberger Passau
Selent
Rastorfer Passau
Bellin
Mucheln
Preetz
Lepahn
Sellin
Sophienhof
Lebrade
Grebin
Ascheberg
Plön
Kalübbe
Dersau
Sandkaten
Bösdorf
Stocksee
Bosau
Hutzfeld
Damsdorf
Bredenbek
Hassendorf
Wöbs
Tensfeld
Schlamersdorf
Travenort
Blunk
Garbek
Gnissau
Hamdorf
Warder
Strenglin
Quaal
Pronstorf
Bad Segeberg
Karl-May-Spiele
Goldenbek
Traventhal
Weede
Söhren
Willendorf
Dreggers
Rehhorst
Bebensee
Havighorst
Zarpen
Heidekamp

Hohwachter Bucht
Hohenfelde
Behrensdorf
Weißenhäuser Strand
Giekau
Darry
Lütjenburg
Hohwacht
Oldenburg in Holstein
Kühren
Kaköhl
Kükelühn
Wangels
SCHLESWIG-HOLSTEIN
Testorf
Harmsdorf
Neukirchen
Benz
Lensahn
Kirchnüchel
Malkwitz
Schönwalde am Bungsberg
Bad Malente-Gremsmühlen
Eutin
Quisdorf
Röbel
Neustadt ★
S. 101
Merkendorf
Braak
Barkau
Strand Sierksdorf **6** Sierksdorf
Barghorst
Pönitzer See **7**
Strand Scharbeutz
Scharbeutz
S. 102
Haffkrug
S. 102
Timmendorfer Strand
Timmendorfer Strand ★
S. 104
8 Niendorf
Bokhof
Hemmelsdorfer See **9**
Warnsdorf
10
Cashagen
Dissau
Travemünde ★
S. 106
Bad Schwartau
11 Gothmund
Stockelsdorf
Europäisches Hansemuseum ★
Lübeck ★
S. 108
Brandenbaum

Schlagsdorf
Dänschendorf
Gammendorf
Petersdorf
Orth
Landkirchen
Fehmarn ★
S. 94
Katharinenhof
Sahrensdorf
Staberdorf

Heiligenhafen
Großenbrode **1** Südstrand Großenbrode

Neukirchen
Heringsdorf

Süssau **Rosenfelder Strand**

Quaal
Grube
2
Gosdorf
Cismar ★
5
3 Dahme
4 Kellenhusen
Lenste

Grömitz
S. 98

Lübecker Bucht

22 km, 2 Std.

MARCO POLO HIGHLIGHTS

★ **FEHMARN**
Die Sonneninsel lieben nicht nur Surfer und Radfahrer ➤ S. 94

★ **NEUSTADT**
Gemütliche Hafenstadt mit Badestränden ➤ S. 101

★ **CISMAR**
Kunst im ehemaligen Benediktinerkloster ➤ S. 100

★ **LÜBECK**
Die Stadt ist Weltkulturerbe: Kirchen, Klöster, Backstein, Marzipan ➤ S. 108

★ **EUROPÄISCHES HANSEMUSEUM**
In Lübeck wurden 600 Jahre Hansegeschichte packend in Szene gesetzt ➤ S.112

★ **RATZEBURG**
Die Inselstadt hat einen Backsteindom aus dem 13. Jh. ➤ S. 115

★ **TIMMENDORFER STRAND**
Im Nobelort der Lübecker Bucht gilt sehen und gesehen werden ➤ S. 104

★ **TRAVEMÜNDE**
Das Ostseebad kennt man als „Lübecks schönste Tochter" ➤ S. 106

Elmenhorst
Ostseebad
Boltenhagen
Brook
Harkensee
Kalkhorst
Klütz

MECKLENBURG-VORPOMMERN

Dassow
Kussow
Rolofshagen
Thorstorf
Groß Walmstorf
Hohenkirchen
Proseken
Wismar
Tramm
12 **Ratzeburg** ★
Börzow
Grevesmühlen
Blüssen

10 km
6.21 mi

FEHMARN

(□ L–M 4–5) **Die einzige Ostseeinsel Schleswig-Holsteins gehört zu den sonnenreichsten und wetterbeständigsten Zielen in Deutschland. Das 185 km² große ⭐ Fehmarn (12 600 Ew.) ist seit 1963 durch die Fehmarnsundbrücke mit dem Festland verbunden.**

Die Insel ist stolzes Bauernland mit riesigen Höfen, auf denen auch Urlaub auf dem Bauernhof möglich ist. Die sehr schönen Campingplätze und das Ferienzentrum bei Burgtiefe mit großem Freizeitangebot und feinsandigem Strand sind vor allem bei Familien beliebt. Die Inselhauptstadt Burg (6000 Ew.) zählt zu den schönsten Städten im Norden.

SIGHTSEEING

LANDKIRCHEN

So schnell, wie du reinfährst, bist du auch wieder draußen. Doch das wäre schade, denn Landkirchen ist das geografische Herz der Insel und Ausgangsort vieler Radtouren. So kannst du auf der stillgelegten Bahntrasse, die jetzt Radweg ist, bequem die Insel erkunden. Highlight ist aber *Sankt Petri,* eine dreischiffige, frühgotische Hallenkirche mit Barockaltar, Votivschiffen und dem daneben stehenden hölzernen Glockenturm von 1638.

LEMKENHAFEN

Der kleine Seglerhafen besitzt zwei Attraktionen: das *Mühlen- und Landwirtschaftsmuseum (Juni–Okt. Do–Di*

10–17 Uhr | Eintritt 4,50 Euro) in einer 1787 erbauten Segelwindmühle und die *Aalkate (tgl., Jan./Feb. geschl. | Tel. 04372 5 32 | original-aalkate-fehman.de | €€),* in der man frischen Räucherfisch aus der Hand verzehrt und nach altem Brauch Schnaps und Bier aus der Flasche trinkt.

LEUCHTTURM FLÜGGE 🚩

Der Aufstieg: steil. Doch oben: wow! Der 1914 erbaute Leuchtturm im Südwesten Fehmarns ist der höchste der Insel. Hoch geht es aber 162 Stufen. Und du musst 1,5 km vom Parkplatz laufen. *April–Okt. Di–So 10–17 Uhr | Eintritt 3 Euro | leuchtturm-fluegge.de*

NATURSCHUTZGEBIETE

Naturfreunde sollten das 🦉 *Wasservogelreservat Wallnau* im Westen der Insel erleben. Es ist Brutgebiet von bis zu 60 Vogelarten, rund 200 weitere rasten hier auf ihrem Vogelzug. Der Naturschutzbund Deutschland (Nabu) betreibt ein *Infozentrum (März–Okt. tgl. 10–17 Uhr | Eintritt 7 Euro, Kinder 4 Euro | Tel. 04372 10 02 | nabuwallnau.de).* Das 🐦 Gelände mit Erlebnispfad und Aussichtsturm ist ganzjährig frei zugänglich. Auch der *Grüne Brink* im Nordwesten und der *Krummsteert/Sulsdorfer Wiek* im Südwesten sind Naturschutzgebiete. Ein herrliches Terrain für Wanderungen ist die meterhohe *Steilküste Katharinenhof/Staberhuk.*

MEERESZENTRUM 🐟🦉

Eines der größten Aquarien Europas. In einem 3-Mio.-Liter-Becken ziehen hinter einer 16 m breiten Panzerglasfront Haie und Schwarmfische ihre Runden. Ein Tunnel führt durch ein weiteres Aquarium, in dem u. a. Rochen leben. Andere Becken beherbergen tropisch bunte Fische und Korallengärten. *Tgl. 10–18, Nov.–Feb. bis 16 Uhr | Eintritt 11 Euro, Kinder 7 Euro | Gertrudenthaler Str. 12 | Burg | mega-meereswelten.de | ⏱ 1,5 h*

BURGSTAAKEN

Die Bezeichnung „Erlebnishafen" kommt nicht von ungefähr: Hier kannst du nicht nur zu *Kutterfahrten (Ostern–Okt.)* starten, sondern auch ein U-Boot sowie ein Seenotrettungs-

INSIDER-TIPP
Steile Aufstiegs-möglichkeit

schiff besichtigen oder in Europas höchster künstlicher Kletteranlage die (Silo-)Wände hochgehen. In ehemaligen Bootshallen warten zudem eine Adventure-Minigolf-Anlage, eine Kartbahn, ein Indoor-Spielplatz und die Ausstellung *Abenteuer Übersee* auf dich. *Unterschiedliche Öffnungszeiten und Preise | Infos: short.travel/osh6*

ESSEN & TRINKEN

DAT OOLE AALHUS

Gegenüber der Kirche in Landkirchen gibt's Fischspezialitäten satt. In der ehemaligen Reetdachscheune tischt Familie Rilke köstliche Kreationen mit Fisch auf. Die so lecker sind, dass du reservieren solltest, denn das Restaurant im reetgedeckten Fachwerkhaus ist längst kein Geheimtipp mehr. *Tgl., Jan.–Mitte März geschl. | Tel. 04371 91 99 | aalhus.de | €€*

ELLI'S SNACKERIA

Das rote Holzhaus mit der schicken Terrasse bietet einen Ausblick bis zum Horizont. Wenn du hier zwischen Kitern und Spaziergängern sitzt und eins der leckeren Baguettes oder selbst gebackenen Kuchen isst, überkommt dich garantiert ein Feriengefühl. Ach, du bist im Urlaub? Super. *Di–So 12–18 Uhr | Gollendorf 90 | elissnackeria.de | €*

CAFÉ LIEBEVOLL

Eine Gabel vom ofenfrischen glutenfreien Käsekuchen, und du bist für immer verloren. Vielleicht liegt der Anstieg von Glückshormonen aber auch am Ambiente und der tollen Terrasse. Oder an den Kulturveranstaltungen. *Tgl. | Bahnhofstr. 17 | Burg | Tel. 04371 8 89 58 98 | kulturlabor.biz*

In Burgstaaken kannst du die Wände hochgehen – an einem alten Silo

SHOPPEN

In Burg bietet Susann Böse im *Kunst-Atelier Böse (Burgstaaken 20 | beim U-Boot-Museum)* Fehmarn-Motive sowie Malkurse an. In der *Inseltöpferei (Niendorfer Str. 12)* fertigt Christa Bänfer Gebrauchskeramik, und die *Bernsteinhütte (Breite Str. 19)* verkauft das „Gold der Ostsee" und lässt dich Rohlinge schleifen und zu Schmuckstücken verarbeiten.

SPORT & SPASS

Fehmarn, platt wie eine Flunder, ist ideal zum Radfahren. Infos über Routen und Fahrradverleih gibt's beim *Tourismus-Service Fehmarn*. Segler, Surfer und Kiter finden hervorragende Reviere (z. B. Burger Binnensee) und Schulen. Die wichtigsten Yachthäfen sind in Burgtiefe, Burgstaaken, Lemkenhafen und Orth. Auch tauchen kannst du auf Fehmarn.

GALILEO WISSENSWELT 👥

Du magst Dinos, Fossilien, Physik und interessierst dich für fremde Kulturen? Gut, dass du auf Fehmarn in die Galileo Wissenswelt gehen kannst. Denn das dreiteilige Museum erklärt dort einiges, und Sachen ausprobieren darfst du auch gleich. *April–Anf. Nov. tgl. 10–18 Uhr, im Winter eingeschränkt | Eintritt 11 Euro, Kinder 10 Euro | Burg | galileo-fehmarn.de | ⏱ 2 h*

SCHMETTERLINGSPARK 👥

Wie in den Tropen: Unzählige bunte Falter leben in einer 1000 m² großen Freiflughalle in Burg. Dort versteckt sich auch ein Leguan zwischen den Pflanzen, und über den Boden huschen Zwergwachteln. *Mitte März–Anf. Nov. tgl. 10–18 Uhr | Eintritt 7,80 Euro, 1. Kind 6,50 Euro, 2. Kind 5,50 Euro | schmetterlingspark-fehmarn.de | ⏱ 1 h*

WELLNESS

Wellness, Sauna und ein Meerwasserwellenbad verspricht die 4500 m² große Erlebnisbadewelt *FehMare (tgl. | Eintritt ab 13 Euro | fehmare.de)* in Burgtiefe. Als Besucher der *Strandsaunen* auf den *Campingplätzen Wallnau (Tel. 04372 13 03)* und *Wulfener Hals (Tel. 04371 8 62 80)* kannst du direkt nach dem Schwitzgang zum Abkühlen in die Ostsee springen.

INSIDER-TIPP
Von der Sauna in die Ostsee

STRÄNDE

Auf 78 km Küstenlänge bietet Fehmarn Strände (fast) ohne Ende. Gut besucht sind der *Südstrand* in Burgtiefe und der *Grüne Brink* im Nordosten (ideal für Kinder). Ruhig ist es an den Naturstränden *Püttsee, Flügge* und *Bojendorf* im Westen.

AUSGEHEN & FEIERN

Das Partyzentrum der Insel ist Fehmarns Hauptort Burg.

LOOP

Angesagter Club in Burg, der etwas versteckt liegt. Aber eigentlich musst du nur dem Bass folgen. Wer im Ur-

Radlerparadies: Fehmarn ist flach und bietet ein großes Netz an Fahrradwegen

laub nicht ohne seine Dosis House, Charts, Black Music, R 'n' B, EDM oder Hip-Hop auskommt, ist hier an der richtigen Stelle. *Am Markt 27 | loop-fehmarn.de*

360 GRAD BAR

Den besten Platz zum Oh-ein-Sonnenuntergang-Staunen hast du auf dem Dach der gemütlichen Bretterbude. Eben 360 Grad. *Zur Strandpromenade 6a | 360gradbar.de*

KARIBIK-BAR

Ein blaues Meer mit hohen Wellen empfängt dich hier, auch wenn auf der Ostsee gerade Flaute ist. Das Wandbild der gemütlichen Bar am Burgtiefer Strand vermittelt das richtige Feierfeeling. Vielleicht bist du gerade da, wenn Manfred Charchulla, Surfer-Urgestein und Inhaber der Kite- und Windsurfingschule nebenan, eine spontane Steeldrum-Einlage gibt. *Am Yachthafen 2 | short.travel/osh17*

RUND UM FEHMARN

1 GROSSENBRODE

13 km / 15 Min. von Burg mit dem Auto

Das Ostseebad mit dem 1,5 km langen, sanft abfallenden und feinweißen Südstrand sowie Yachthafen entstand erst nach Eröffnung der Vogelfluglinie 1963, hat sich aber in jüngster Zeit enorm entwickelt. Hingucker sind nicht nur die frisch überholte Promenade, der Abenteuerspielplatz und der Seebrückenplatz, auch die Seebrücke kann sich sehen lassen. Must see and eat: Im *Café Meerkieker (tgl. 13–18 Uhr, Jan./Feb. geschl. | Am Kai 15 | Tel. 04367 71 79 72)* backen zwei Schwestern Torten vom Feinsten. Drinnen sitzen die Gäste auf gemütlichen Sofas, draußen in Strandkörben mit Blick auf die Ostsee. *L5*

GRÖMITZ

(◻ L7) **8 km „Vitamin Sea": Vom Yachthafen (780 Liegeplätze) bis zum Lensterstrand hat Grömitz (7200 Ew.) einen der längsten Strände. Und es ist eines der ältesten und größten Ostseebäder Deutschlands.**

Noch mehr Superlative? Wie wäre es mit der zweitlängsten Seebrücke der Lübecker Bucht? Von der hast du übrigens den besten Blick auf den Sonnenaufgang.

INSIDER-TIPP
Gruß an die Sonne

Und den sehr oft, denn hier scheint die Sonne häufiger als in anderen Regionen.

ESSEN & TRINKEN

FALKENTHAL

Urlaub an der Ostsee, aber Fisch magst du nicht? Dann bleib lieber zu Hause, denn hier dreht sich alles um Hering und Co. Bestellt wird am Tresen, was dann an den Tisch gebracht wird, ist mehr als lecker. *Tgl. | Kurpromenade 6 | Tel. 04562 5152 | falkenthal-seafood.de | €–€€€*

FISH & COFFEE

Wenn du nicht aufpasst, bist du auch schon fast vorbei an der kleinen Fischbude und würdest die besten Kaffee- und Fischbrötchenkreationen verpassen. Denn mit ihren paar Tischen und Stühlen geht sie im Angebot der Imbisse in der Nachbarschaft fast unter. *Tgl. | Kurpromenade 54 | Facebook: FishandCoffee | €*

SPORT & SPASS

TAUCHGONDEL GRÖMITZ

Als hätte Jules Verne sie entworfen: Die grün-weiße Tauchgondel am Ende der Seebrücke ähnelt entfernt einer Metallblume. Damit sinkst du zwar nicht 20 000 Meilen unter den Meeresspiegel, aber immerhin auf Fischhöhe zum Meeresgrund. Fast wie bei Käpt'n Nemo. *April–Okt. tgl. 10–19, Juni–Aug. bis 21, Nov.–März Mi–So 11–16 Uhr | Eintritt 9 Euro | tauchgondel.de*

ZOO ARCHE NOAH 👓

Einen Zoo willst du? Hier kannst du nicht nur Ziegen und Hasen streicheln. Es gibt auch Kängurus. Und Löwen. Aber nicht zum Streicheln. *März–Okt. 9–18, Nov.–Feb. 9 Uhr bis Einbruch der Dunkelheit | Eintritt 9 Euro, Kinder 5 Euro | Mühlenstr. 32 | zoo-arche-noah.de | ⏱ 2–3 h*

STRÄNDE

Strandkörbe? Gibt's reichlich, kein Wunder bei 8 km Strand mit feinem Sand und flach abfallendem Ufer. Langweilig? Dann geh angeln oder surfen. Sorry, entscheiden musst du selbst.

WELLNESS

GRÖMITZER WELLE

Entspannung trotz Schietwetter: Das Meerwasser-Brandungsbad an der Seebrücke hat eine tolle Wellnesslandschaft. *Tgl. 7–22 Uhr | Eintritt ab 10 Euro | groemitzer-welle.de*

Für lange, aber kurzweilige Strandtage bietet Grömitz die besten Voraussetzungen

AUSGEHEN & FEIERN

OSTSEELOUNGE

Liegestuhl mit Blick aufs Meer? Check! Füße im Sand? Check! Den Sonnenuntergang mit einem Cocktail (empfehlenswert: der Premium-Spritz) in der Hand genießen? Auch Check! Dann ist ja alles klar … *Kurpromenade 56 | strandhalle-groemitz.de*

RUND UM GRÖMITZ

2 GRUBE

13 km/15 Min. von Grömitz mit dem Auto

Eigentlich hat Grube keinen direkten Zugang zum Meer, dafür einen kleinen *Flugplatz (Tel. 04365 3 59 | flug*

platz-grube.info), an dem du unkompliziert zum Schnupperflug über Ostholstein abheben kannst. Falls du ans Meer möchtest, bietet sich der *Rosenfelder Strand* an. An dem schönen Naturstrand sind auch Hundebesitzer und FKK-Anhänger willkommen, und er ist kurtaxefrei. *L6*

3 DAHME

14 km/15 Min. von Grömitz mit dem Auto

Herzstück des kleinen Orts (1270 Ew.) ist die Promenade: In sanften Schwüngen, vorbei an reetgedeckten, kleinen Buden und der Seebrücke zieht sich der Laufsteg von Dahme fast den ganzen 6,5 km langen Strand entlang. Kaum im Ort, bist du auch schon wieder raus und stehst vor dem 30 m hohen *Leuchtturm Dahmeshöved (April–Okt. So–Do halbstdl. 15–16.30 Uhr | Eintritt 3,50 Euro)* am Dahmer Kliff.

Fisch und Bier gibt's in Klüver's Brauhaus am Neustädter Hafen

„Leuchtturm der Freiheit" nannten DDR-Flüchtlinge das Bauwerk, dessen Licht als Orientierungspunkt über die Lübecker Bucht diente. 108 Stufen sind es bis in die Spitze. Dann der Blick – einfach großartig. **Wenn deine Hochzeitsgesellschaft schwindelfrei ist, kannst du dort oben sogar heiraten.** ⌖ *L6*

INSIDER-TIPP
Ganz oben Ja sagen

4 KELLENHUSEN
11 km / 15 Min. von Grömitz mit dem Auto

Nur Strand ist zu langweilig? Gut, dass Kellenhusen (1100 Ew.) als das Trendsportmekka der Ostseeküste verschrien ist. Hier kannst du dir von Romain Leroyer den Ort auf Nordic-Cross-Skatern zeigen lassen (buchbar über *ostseeanimation.de*), SUPs ausprobieren oder mit dem Longboard über die Skaterbahn flitzen. Der Franzose bringt Touristen Trendsportarten bei. Magst du's ruhiger? Vielleicht eine Radtour durch den *Kellenhusener Forst* mit seinen 572 ha? 840 Fußballfelder würden in das größte zusammenhängende Waldgebiet an der Ostsee passen. Danach eine Pause an der Strandpromenade mit der schönsten *Seebrücke* der Bucht, die auch tolle Ausblicke bietet. „Lady Prom" nennen die Kellenhusener ihre kurvige Flaniermeile übrigens.

Den Premiumblick ermöglicht dir die Terrasse des Restaurants *Passat (tgl. | Tel. 04364 8679 | restaurant-passat. de | €–€€)*. Die Fischgerichte hier haben Suchtfaktor. ⌖ *L7*

5 CISMAR ⭐
5 km / 5 Min. von Grömitz mit dem Auto

Mitten in Cismar, dem Galerien, Keramikwerkstätten und Kunsthandwerker das Flair eines Künstlerdorfs verleihen, steht das ehemalige *Benediktinerkloster (Besichtigung Ostern–Okt. So ca. 10 Uhr, Führung Mi, Sa 17 Uhr | Führung 2 Euro | Tel. 04366 6 48 | ⏱ 1 h)* aus dem 13. Jh. Die Klosterkirche ist berühmt wegen ihres Flügelaltars und der Konzertakustik. Auch mit hochkarätigen *Kunstausstellungen (März–Okt. Di–So 10–17 Uhr | Eintritt 5 Euro | ⏱ 1 h)* hat sich Kloster Cismar einen Namen gemacht. 🗺 *L7*

NEUSTADT

(🗺 *K7*) **Kreischend hüpfen die Möwen auf und ab, doch der Fischer auf dem Minikutter ist fertig, der letzte Fisch verkauft. Der Mann wischt sich die Hände ab, morgen geht's weiter. Wie an den meisten Tagen in ★ Neustadt (15 000 Ew.).** Der 700 Jahre alte Ort, wo die Ostsee wie in einem Fjord landeinwärts strebt, ist quirlig. Alles liegt dicht beisammen. Hier bewegst du dich vor einer malerischen Kulisse wie dem alten *Pagodenspeicher*, in dem früher das Korn gelagert wurde. Vom Hafen sind es nur ein paar Schritte in die kleine Altstadt. Und nur in Neustadt kannst du vom Yachthafen mit dem kostenlosen 🚤 Hafenshuttle übers Wasser in die Stadt fahren!

Ur- und Frühzeit. Im 🚩 *Museum Cap Arcona (Eintritt frei)* im Anbau geht's um das dunkelste Kapitel Neustadts, es erinnert an eine der größten Schiffskatastrophen der deutschen Vergangenheit. Als am 3. Mai 1945 irrtümlich drei Schiffe mit KZ-Häftlingen an Bord in der Bucht bombardiert wurden, starben über 7000 Menschen. *Ostern–Okt. Di–Sa 10.30–17, So 14–17, sonst Fr 15–17, Sa/So 14–16 Uhr | Eintritt 3,50 Euro | Vor dem Kremper Tor | zeittor-neustadt.de | ⏱ 1,5 h*

ESSEN & TRINKEN

KLÜVER'S BRAUHAUS 🚩

Bier in einer alten Fischhalle brauen? Bei Klüver's funktioniert das prima, wie das Resultat bestätigt. Das solltest du unbedingt probieren und zum Röker-, Heimat- oder Rotbier ein Fischbrötchen ordern. *Tgl. | Schiffbrücke 2–4 | Tel. 04561 71 48 11 | kluevers-brauhaus.de | €-€€*

MIERA MARE MEERESKÜCHE

Außen Fachwerk, innen Mittelmeerfeeling – zumindest auf der Zunge. Deine Geschmacksnerven machen garantiert einen Freudensprung. *Mo/Di. geschl. | Schiffbrücke 15 | Tel. 04561 5 26 88 15 | miera-neustadt. de | €€-€€€*

SIGHTSEEING

MUSEUM ZEITTOR

Den Treppengiebel vom *Kremper Tor* kannst du nicht verfehlen. Im Inneren bietet das Museum einen Blick in die

SPORT & SPASS

Anlaufstelle für Segler, Kiter und Surfer im Ortsteil Pelzerhaken ist *Surfcity (Mai–Sept. | sailandsurfpelzerhaken.de).*

STRÄNDE

Schöne Sandstrände, bewacht und mit Strandkorbvermietung, Animation etc. gibt es im ehemaligen Fischerdorf Rettin und in Pelzerhaken, dem Eldorado für Wassersportler. Dort ist auch der einzige Südstrand der Bucht, wo du von morgens bis abends Sonne hast. Näher am Zentrum kannst du am *Strandbad (Am Kiebitzberg 7)* genannten Abschnitt mit Badebrücke in die Ostsee springen.

INSIDER-TIPP
Hotspot für Sonnenanbeter

AUSGEHEN & FEIERN

FISCHERS OSTSEELOUNGE

Abends auf dem Dach der Lounge, ein Glas Wein in der Hand. Schau zu, wie über dem Südstrand die Sonne untergeht. Urlaub kann so schön sein … *Tgl. | Am Strand 4*

SCHARBEUTZ–HAFFKRUG

(*K8*) **Die Ferienregion Scharbeutz, Haffkrug und Pönitzer Seenplatte (11 000 Ew.) vereint die Hügellandschaft der Holsteinischen Schweiz mit einem Strand, der zu den schönsten an der Ostsee zählt.** Scharbeutz zeigt sich als moderner Küstenort mit Promenade und anspruchsvollen Freizeiteinrichtungen, Haffkrug präsentiert sich im positiven Sinne ruhig und familiär.

ESSEN & TRINKEN

BRECHTMANN

Der Blick geht über Felder, auf dem Teller liegt knusprige Ente. Klingt gut? Dann auf ins nahe Schürsdorf. *Mo/Di geschl., Juli/Aug. Di geschl. | Hackendohrredder 9 | Tel. 04524 99 52 | brechtmann.de | €€–€€€*

GOSCH

Fleisch – da musst du tapfer sein – gibt's nicht. In der Filiale des Sylter Kultgastronomen kommt nur Fisch auf den Teller. In allen Variationen. *Tgl. | Strandallee 134b | Tel. 04503 8 98 09 86 | €€*

STRANDCREPERIE

Crêpe als Vorspeise, als Hauptgericht und als Dessert. Jessica Wenig serviert in ihrer bunten Crêperie an der Dünenmeile kleine Geschmackszauberwerke in vielen Varianten. Nutella-Crêpe kann jeder, probier mal den Chili-Cheese-Crêpe. Aber Vorsicht, der kann dich zum Weinen bringen! *Tgl. | Strandallee 136 | strandcreperie-scharbeutz.de | €*

INSIDER-TIPP
Feuerspuckertraining für Anfänger

SPORT & SPASS

OSTSEE-THERME 🎪 🏖

Es regnet und der Wind pfeift dir um die Ohren? Dann rein in die Wasser-, Fitness- und Saunawelt der Ostseetherme. Das Wohlfühlparadies ermöglicht Wellness auf 14 000 m². Du brauchst eher Action? Dann rauf auf die Wasserrutsche! *Tgl. 9–23 Uhr | Ta-*

geskarte 22 Euro, Kinder 16 Euro | Strandallee 143 | ostsee-therme.de

STRÄNDE

Hinter der Ostsee-Therme beginnt der Strand, der 6 km lang, steinlos und flach abfallend ist. Zuerst begegnet man FKK-Badenden, dahinter schließt sich der Hundestrand an. Je weiter du dich der Seebrücke näherst, desto lebhafter geht es zu. Der Strand ist in Themenbereiche aufgeteilt, z. B. *Wellness- und Relaxstrand (Abschnitt 25, gegenüber der Strandkirche)* mit Massageangeboten und Saftbar. Im Sommer wird hier auch Theater gespielt. Für Familien interessant: *Gumdas Spielstrand* mit Programm für 3- bis 12-Jährige. Auf der Promenade stehen Fitnessgeräte für eine Work-out-Einheit, auf zwei Anlagen wird *Adventure-Golf (April–Okt. tgl. | Eintritt 4,50 Euro | short.travel/osh16)* gespielt.

AUSGEHEN & FEIERN

Die Seebrücken in *Scharbeutz* und *Haffkrug* sind auch Treffpunkt am Abend. Auf dem *Seebrücken-Vorplatz* in Scharbeutz finden Sportveranstaltungen und Konzerte statt.

BEACHLOUNGE

Perfekter Tagesausklang: im Grande-Beach-Café-Ableger am Strand Cocktails trinken und ==den Salsatänzern beim Üben zugucken. Oder gleich mittanzen.== In der Saison tgl. | grandebeach-cafe.de

INSIDER-TIPP
Mitmachen erlaubt!

Fisch von Gosch schmeckt auch an der Ostsee ausgezeichnet

RUND UM SCHARBEUTZ-HAFFKRUG

6 SIERKSDORF

9 km / 10 Min. von Scharbeutz mit dem Auto

Sierksdorf besitzt einen flachen, familiengerechten *Strand,* der sich auch prima zum Surfen eignet (Surfschule). Vom Ort selbst nicht zu sehen sind die Hochhäuser des *Ferienparks Sierksdorf,* einer Apartmentanlage am Strand. In unmittelbarer Nähe die Attraktion des Orts: der *Hansa-Park (April–Okt. tgl. 9–18 Uhr | Eintritt 39 Euro, Kinder (4–14 Jahre) 29,50 Euro |*

Am Fahrenkrog 1 | hansapark.de | ⏱ 3–5 h), in dem du den ganzen Tag Karussellrunden drehen oder auf verschiedenen Achterbahnen herumkurven kannst – wenn es dein Magen aushält … ▢ K8

▣ PÖNITZER SEE

6 km / 10 Min. von Scharbeutz mit dem Auto

Mal was anderes sehen? Landeinwärts liegt das Erholungsgebiet Pönitzer Seenplatte mit den Orten *Klingberg, Kronenberg* und *Pönitz am See.* Hier kannst du in die Natur eintauchen oder kleine Orte erkunden. Doch lieber ins Wasser? Klingberg hat zwei Badestellen: Die 🏖 *Badeanstalt (Saison tgl. 9.30–18 Uhr | Eintritt 3 Euro, Kinder 1,50 Euro)* lockt mit langem Steg, Wasserrutsche und Liegewiese. Vom 🏖 Steg am Haus des Kurgastes kannst du kostenlos ins Wasser hüpfen. Danach geht's auf ein Stück Torte des Monats ins *Café Klingberg (April–Okt. tgl. | cafe-klingberg.de)* neben der Badeanstalt. ▢ J8

TIMMENDORFER STRAND

(▢ K8) ★ **Timmendorfer Strand (8800 Ew.) mit dem längsten Strand Schleswig-Holsteins gilt als Nobelort an der Lübecker Bucht.** Hier trifft sich die Schickeria, z. B. in den Cafés gegenüber dem Alten Rathaus (jetzt Tourismuszentrale). Dementsprechend exklusiv sind die Freizeitangebote und die Auslagen in den Läden. Mitten durch die Fußgängerzone verläuft, deutlich markiert, der 54. Grad nördlicher Breite. Die von

Ganz in Weiß und ohne Schnickschnack: Wer Chichi liebt, ist im Barefoot falsch

Bäumen gesäumte Promenade ist ideal für Spaziergänge. Einen tollen Blick hat man von den beiden *Seebrücken*. Wenn du dir auf der Brücke, die näher am Ortsteil Niendorf liegt, verwundert die Augen reibst: Nein, du bist nicht im falschen Land. In dem japanisch anmutenden Gebäude, „Teehaus" genannt, serviert das Café-Restaurant *Wolkenlos (tgl. | Höhe Strandallee 144 | Tel. 04503 77 95 70 | wolkenlos-timmendorf.de | €–€€€)* leicht pazifisch inspirierte Gerichte.

SIGHTSEEING

SEA LIFE 🐧

Über 2000 vorwiegend tropische Meeresbewohner tummeln sich in mehr als 30 Becken. Zu den Lieblingen der Besucher gehört die Grüne Meeresschildkröte Speedy. Sie schwimmt mit Schwarzspitzenriffhaien und vielen kleineren Fischen in einem 200 000-Liter-Aquarium, durch das ein 8 m langer, durchsichtiger Tunnel führt. *Juli/Aug. tgl. 10–19, Sept./Okt., März–Juni bis 18, Nov.–Feb. bis 17 Uhr | Eintritt 16,95 Euro, Kinder 12,95 Euro | sealife.de | ⏱ 1,5 h*

ESSEN & TRINKEN

BAREFOOT

Man muss es neidlos anerkennen: Til Schweiger hat's drauf. Im Restaurant seines Hotels sitzt man inmitten von Bildern, Kissen und Kerzen an blank gescheuerten Tischen und isst wie in einem New Yorker Deli. Auf dem Teller landet allerdings Regionales. So kommt z. B. der Fisch direkt vom Niendorfer Kutter. Woher auch sonst? *Tgl. | Schmilinskystr. 2 | Tel. 04503 76 09 10 01 | barefoothotel.de | €€*

CAFÉ WICHTIG

Hauptsache, die Frisur sitzt, schließlich gilt hier sehen und gesehen werden. Der Traditionstreffpunkt für Promis und alle anderen hat so seinen Preis. Cappuccino und Kuchen sind aber tadellos. *Tgl. | Timmendorfer Platz 3 | cafewichtig.de*

SPORT & SPASS

Von den Seebrücken verkehren Schiffe zu den benachbarten Badeorten. Es gibt Surf-, Segel- und Tauchschulen sowie eine Eissporthalle.

STRÄNDE

Der feinsandige, flach abfallende 🏖 *Strand* erstreckt sich, den Ortsteil Niendorf eingeschlossen, über ca. 8 km. Großer Andrang herrscht bei der *Maritim-Seebrücke* (Abschnitt 9–18), wo im Sommer Animationsprogramme für Kinder und Erwachsene stattfinden. Der FKK-Strand befindet sich am nördlichen Ortsrand jenseits von Abschnitt 1, der Hundestrand beim Niendorfer Hafen (Abschnitt 54).

AUSGEHEN & FEIERN

Im Sommer stehen in den größeren Hotels oder veranstaltet von der Tourismuszentrale Konzerte und Unterhaltungsveranstaltungen auf dem Programm. Clubgänger freuen sich über den wieder eröffneten *Nautic*

Club (Timmendorfer Platz 12), der 2016 abgebrannt war.

RUND UM TIMMENDORFER STRAND

8 NIENDORF

4 km / 5 Min. von Timmendorfer Strand mit dem Auto

Das kleine Seebad mit schönem Sandstrand und Meerwasserhallenbad gehört zu Timmendorfer Strand und ist stolz auf die schönste Promenade der Bucht. Ein besonderes Idyll ist der ⚑ *Fischereihafen*, wo Fischer ihre Ware feilbieten. Ein Stück weiter am Freistrand stößt du auf die *Riff Bar (Mai– Okt. tgl. | riff-strandbar.de)*, die beste Strandbar der ganzen Ostseeküste. Am Abend erwarten dich in *Johannsens Restaurant (tgl. | Strandstr. 150 | Tel. 04503 70 85 05 | johannsens.de | €)* Strandkörbe mit Meerblick und gelegentlich Livemusik.

Sehenswert ist der 🐒 *Vogelpark (März–Nov. tgl. 9–20, Dez.–Feb. 10 Uhr bis zur Dunkelheit | Eintritt 9,50 Euro, Kinder 5 Euro | vogelpark-niendorf.de | ⏱ 1 h)* mit 300 gefiederten Arten und einer der größten Eulensammlungen Europas. 📖 *K8*

9 HEMMELSDORFER SEE

3 km / 5 Min. von Timmendorfer Strand mit dem Auto

Im Hemmelsdorfer See liegt mit 40 m unter Normalnull der tiefste Punkt Deutschlands. Am beschilderten Rundweg an der Nordspitze steht der Turm *Hermann-Löns-Blick*. Ein Fischereihof bietet Bootsverleih, Restaurant und eine gläserne Fischräucherei. 📖 *K8–9*

10 WARNSDORF

7 km / 10 Min. von Timmendorfer Strand mit dem Auto

Eine mit alten Bäumen gesäumte Landstraße zweigt von der B 76 zu dem kleinen Dorf am Hemmelsdorfer See ab. Dort gibt es ein Schloss, das Drehort für einen Rosamunde-Pilcher-Film sein könnte, wenn es nicht in eine Privatklinik umgewandelt worden wäre, sowie *Karl's Erdbeer- und Erlebnishof (tgl. 8–19 Uhr | karls.de)*. Auf dem ist auch außerhalb der Erdbeerzeit mit Bauernmarkt, Café und Spielplätzen viel los. **Im Sommer kannst du die Erdbeeren auch selbst pflücken.** Naschen ist erlaubt, man muss ja testen, was man erntet. 📖 *K8*

INSIDER-TIPP
Die Guten ins Töpfchen

TRAVEMÜNDE

(📖 K8–9) ★ **Travemünde (13 500 Ew.) gehört zu Lübeck und hat als Seebad eine lange Tradition.** Schon um 1800 erholte „man" sich am Travemünder Strand. Das alte Kurhaus beherbergt heute ein Wellnesshotel, und auch das einst in ganz Europa berühmte Spielkasino ist nun ein Luxushotel. Viel los ist auf der im Sommer autofreien *Vorderreihe* mit Cafés, Restaurants und Läden.

Gehört zu Travemünde wie die Ostsee: die Viermastbark Passat

Von dort hast du den perfekten Blick auf den *Priwall*. Der Landzipfel gehört teils zu Travemünde, teils zu Mecklenburg-Vorpommern. Seit einigen Jahren wird die Halbinsel komplett umgekrempelt, direkt an der Trave entsteht ein neues Feriengebiet. Es gibt auf dem Priwall aber auch noch ein paar ruhige Ecken, so wie das Naturschutzgebiet an der *Pötenitzer Wiek*.

SIGHTSEEING

SEEBADMUSEUM

Wie man sich einst in Travemünde erholte, dokumentiert eine Ausstellung anhand von Fotos, Filmen und alten Stücken im Gesellschaftshaus an der *Sankt-Lorenz-Kirche*. Wenn du schon mal da bist, wirf auch einen Blick auf Holzdecke und Barockaltar der Kirche. Es lohnt sich. *März–Dez. Di–So 11–17 Uhr | Eintritt 6 Euro | Torstr. 1 | see badmuseum-travemuende.de | ⏱ 1 h*

ALTER LEUCHTTURM ⚑

142 Stufen geht es hoch, das schaffst du. Der Ausblick von Deutschlands ältestem erhaltenem Leuchtturm, in dem nun ein maritimes Museum untergebracht ist, ist super. *Juli/Aug. tgl. 11–16, April–Okt. Di–So 13–16 Uhr | Eintritt 2 Euro | leuchtturm-travemuen de.de*

VIERMASTBARK PASSAT

Auf dem Priwall liegt das Wahrzeichen Travemündes, die Passat. Über die bewegte Geschichte der 1911 in Hamburg gebauten Viermastbark informiert unter Deck eine Ausstellung. *Mai–Sept. tgl. 10–17, April/Okt. 11–16.30 Uhr | Eintritt 4 Euro | passathafen. luebeck.de | ⏱ 0,75 h*

OSTSEESTATION TRAVEMÜNDE 👫 🕴

Was lebt alles draußen im Hafenbecken? Und wie entstand eigentlich die Ostsee? Antworten auf diese Fragen bekommst du in der Ostseestation. *April–Okt. Di–So 11.30–18, Nov.–März Do–So 15.30–17 Uhr | Eintritt 7 Euro, Kinder 5 Euro, mit Führung 9 Euro, Kinder 6 Euro | Priwallpromenade 10 | ostseestation-travemuende.de | ⏱ 1 h*

BRODTENER STEILUFER

Am Ende der Strandpromenade beginnt ein Stück Steilküste, das zunehmend der Brandung zum Opfer fällt. Ein schöner Spaziergang führt bis Niendorf, für eine Kaffeepause bietet sich die *Hermannshöhe (tgl. | die-hermannshoehe.de | €)* an.

ESSEN & TRINKEN

FISCHEREIHAFEN

Frischer als an den Ständen im Fischereihafen gibt's Fisch nirgends, mehr maritimes Flair auch nicht. *Tgl., je nach Jahreszeit und Witterung bis in die Abendstunden | €*

MARINA

Unfassbar leckeren Fisch essen, während draußen die Fähren vorbeiziehen und die Möwen die Passat umkreisen. Hier hast du alles gut im Blick. *Tgl. | Trelleborgallee 2a | Tel. 04502 8 89 65 60 | marina-travemuende.de | €€*

SPORT & SPASS

Travemünde bietet gute Möglichkeiten zum Segeln, Surfen, Schwimmen. Auf dem Priwall kommen (Strand-) Reiter bei *Natural Motion (Tel. 04502 8 89 05 70 | natural-motion.de)* auf ihre Kosten bzw. in den Sattel.

SCHIFFSFAHRTEN

Neben den internationalen Fährlinien ab Travemünde gibt es in den Sommermonaten einen Passagierdienst auf der Trave nach Lübeck sowie einstündige Kurzausflüge auf die Ostsee.

STRÄNDE

Travemündes feinsandiger, flacher, knapp 2 km langer *Kurstrand* beschreibt einen sanften, breiten Bogen zwischen Nordermole und dem steinreichen Brodtener Ufer (FKK- und Hundestrand). In der Saison steht hier ein Strandkorb neben dem anderen. Mehr Ruhe finden diejenigen, die mit der Fähre auf den Priwall übersetzen.

AUSGEHEN & FEIERN

OSTSEELOUNGE

Unterm Sonnensegel sitzen, in der Hand einen Caipi, hinter dir die Promenade voller Menschen, die sofort mit dir tauschen würden. Klingt nach perfektem Abend, oder? *In der Saison tgl. | Strandpromenade 1 | Facebook: ostsee-lounge-travemünde*

LÜBECK

(⧉ J–K9) **Die Frage ist: Was soll man sich in ★ Lübeck (220 000 Ew.) bloß zuerst angucken? Immerhin ist die Stadt die „Königin der Hanse" und Teil des Unesco-Weltkulturerbes.**

Schmale Gassen? Gibt's massenhaft, genauso wie Gänge mit kleinen Häus-

WOHIN ZUERST?

Zentraler Startpunkt für die Erkundung der 2 km² großen Altstadtinsel ist der **Markt** am Rathaus, gleich neben der Kathedrale Sankt Marien und dem Marzipangeschäft Niederegger. Bei der Parkplatzsuche hilft ein elektronisches Parkleitsystem. Wer mit der Bahn anreist, kommt auf dem ca. 1 km langen Fußweg vom Hauptbahnhof zum Rathaus auch gleich am Holstentor vorbei.

chen hinter den Kaufmannshäusern und prächtige Kirchen – und fast alles ist aus Backstein. Da machen die paar Bausünden nix. Sie entstanden, als nach dem Luftangriff 1942, der ein Fünftel der Stadt zerstörte, die Lücken gefüllt werden mussten.

SIGHTSEEING

HOLSTENTOR

Ja, das Wahrzeichen steht schief. Geh trotzdem rein und mach dich über die Stadtgeschichte schlau. Das Tor trotzt der Schieflage bestimmt noch mal 700 Jahre. *April–Dez. tgl. 10–18, Jan.–März Di–So 11–17 Uhr | Eintritt 7 Euro | museum-holstentor.de |* ⏱ *1 h*

SANKT PETRI

Auf Augenhöhe mit den Möwen bist du auf der *Aussichtsplattform (Fahrstuhl März–Sept. tgl. 9–20, Okt.–Dez. 10–19, Jan./Feb. 10–18 Uhr | Eintritt 4 Euro)* im Turm in 50 m Höhe. Im Kirchenraum finden oft Veranstaltungen statt. *st-petri-luebeck.de*

AN DER OBERTRAVE

Max nimmt Geige und Bogen, schließt die Augen und spielt. Liszt, dann

Früher Teil der Befestigungsanlage, heute Lübecks bekanntestes Bauwerk: das Holstentor

LÜBECK

Katharinenstraße

Willy-Brandt-Allee

Marienstr.

An der Untertrave

Engelswisch

Gr. Burgstr.

Kanalstraße

Elbe-Lübeck-Kanal

Europäisches Hansemuseum ★

Heiligen-Geist-Hospital

Tonfink

Ellerbrook

Fischergrube

Schiffergesellschaft

Breite Str.

Museum Behnhaus Drägerhaus

Beckergrube

Willy-Brandt-Haus

Günter-Grass-Haus

Willy-Brandt-Allee

An der Untertrave

Trave

Mengstraße

Alfstraße

Buddenbrookhaus

Hundestraße

Treibsand

Sankt Marien

Fischstraße

Doktor-Julius-Leber-Str.

Braunstr.

Rathaus

Sankt Petri

Holstentor

Königstraße

Wahmstraße

Hüxwiese

Wallstraße

Kartoffelspeicher

Depenau

Possehlstraße

Mühlenstr.

An der Obertrave

Dankwartsgrube

Parade

Sankt-Annen-Str.

Behderbrücke

Theater Combinale

Hüxtertorallee

Kalandstr.

Krähenteich

Im Alten Zolln

Arsién Sushi Art

250 m

273 yd

Wallstraße

Bismarckstr.

Mühlenteich

Brahms. Schon bleiben die Ersten stehen und lauschen. Wo kriegt man schon mal ein kostenloses 🎷 Konzert geboten? An der Obertrave gar nicht so selten, hier liegt die Musikhochschule, und so mancher Student verlegt im Sommer die Proben nach draußen. Die knapp 800 m lange Flaniermeile entlang der Trave ist Lübecks inoffizieller Treffpunkt, wo sich Lübecker und Touristen mischen. Es ist zwar nicht Paris, aber das Flanieren beherrscht man hier auch. Ein paar Meter weiter, an den Tischen der Kneipen und Restaurants, treffen sich die Lübecker auf ein Feierabendbier oder tanzen Tango und Salsa. Je weiter du die Straße entlangspazierst, umso schmaler wird sie. Dann verschwindet die Promenade und wird zum Grünstreifen mit flatternder Wäsche auf der Leine und Anwohnern in Liegestühlen vor ihren Türen. Sommer in der Stadt. Dort ist auch der beste (Picknick-)Platz,

INSIDER-TIPP
Sunset an der Trave

um zuzugucken, wie die Sonne über den Wallanlagen untergeht.

RATHAUS

Was lange währt, wird irgendwann fertig. Fast 300 Jahre haben die Lübecker am Rathaus gewerkelt und von Gotik bis Renaissance gleich mehrere Stilepochen verbaut. Als „Königin der Hanse" wollte man protzen. Geh ruhig hinein und mach eine Führung. Vielleicht triffst du ja den Bürgermeister. *Mo–Fr 11, 12, 15, Sa/So 13.30 Uhr | Führung 4 Euro | ⏱ 0,5 h*

SANKT MARIEN

Dass die Marienkirche noch steht, ist für Statiker fast ein Wunder. Denn das 38 m hohe Gewölbe war ein Experiment. Das kannst du bei einer 🚶 *Führung (April–Dez. Sa 15.15 und letzter Sa im Monat 20.30, Juni–Sept. auch Mi 15.15 Uhr | 7 Euro | Tel. 0451 7 73 91)* übrigens auch von oben bestaunen. Schau dir auch unbedingt die mechanische Orgel an, die zu den größten der Welt gehört. *April–Sept. tgl. 10–18, Okt. 10–17, Nov.–März 10–16 Uhr | Eintritt 2 Euro*

BUDDENBROOKHAUS

Bist du schon mal im Setting eines Romans herumspaziert? Thomas Mann hat seiner Familie mit den „Buddenbrooks" ein literarisches Denkmal gesetzt, das im Buddenbrookhaus von 1758 tatsächlich „erlebbar" ist. *April–Dez. tgl. 10–18, Jan.–März 11–17 Uhr | Eintritt 7 Euro | Mengstr. 4 | buddenbrookhaus.de | ⏱ 1,5 h*

GÜNTER-GRASS-HAUS

Seine Bücher und Gedanken, seine Bilder und Grafiken: Grass hat viel Zeit in seinem Büro verbracht. Obwohl der Literaturnobelpreisträger 2015 verstorben ist, ist seine Präsenz immer noch spürbar. *April–Dez. tgl. 10–17, Jan.–März Di–So 11–17 Uhr | Eintritt 7 Euro | Glockengießerstr. 21 | grasshaus.de | ⏱ 1,5 h*

WILLY-BRANDT-HAUS

Wusstest du, dass Willy Brandt Lübecker war? Hier erfährst du mehr über den Politiker und Friedensnobelpreisträger. *Tgl. 11–18 Uhr | Eintritt frei, Führung 5 Euro | Königstr. 21 | willybrandt-luebeck.de | ⏱ 1 h*

MUSEUM BEHNHAUS DRÄGERHAUS

Bilder, Bilder, Bilder: Paul Klee, Edvard Munch, Emil Nolde, Lyonel Feininger und andere namhafte Künstler des 19. und 20. Jhs. hängen hier. Das könnte langweilig werden? Garantiert nicht, denn neben den Bildern ist auch das Gebäude ein Hingucker. *April–Dez. Di–So 10–17, Jan.–März ab 11 Uhr | Eintritt 7 Euro | Königstr. 9–11 | museum-behnhaus-draegerhaus.de | ⏱ 1,5 h*

HEILIGEN-GEIST-HOSPITAL

Ein Bett und eine Kommode: Viel Platz gab's nicht in den Kabäuschen des mittelalterlichen Altenheims. Senioren wohnen hier übrigens immer noch, allerdings im komfortableren Anbau. Heute wird das Gebäude von 1280 mit den fünf Türmen, das wie eine Mischung aus Kirche und Krankenhaus wirkt, für Veranstaltungen genutzt. *Di–So 10–17, Okt.–März bis 16 Uhr | Eintritt frei | Koberg 8 | ⏱ 0,5 h*

EUROPÄISCHES HANSEMUSEUM ⭐ ⛱

Zurück in die Vergangenheit! Man kann ihn fast riechen, den Duft der Gewürze und Farben, der über dem Brügger Stoffmarkt hing. Aber nur fast, denn die Halle, durch die du gehst, gehört zum Europäischen Hansemuseum. Es zeigt 600 Jahre Geschichte des mächtigsten Wirtschaftsbündnisses des Mittelalters anhand von rekonstruierten Szenen und Originalen im Burgkloster und dem geschickt angegliederten Neubau. So lebensecht, dass man fast glaubt, wirklich mittendrin zu sein. *Tgl. 10–18 Uhr | Eintritt 12,50 Euro | An der Untertrave 1 | hansemuseum.eu | ⏱ 2 h*

ESSEN & TRINKEN

KARTOFFELSPEICHER

Gut, wenn du auf Kohlenhydrate verzichten willst, solltest du vielleicht woanders hingehen. Denn im Kartoffelspeicher sitzt man an blank gescheuerten Tischen und isst vor allem eins: Kartoffeln. Die werden hier raffiniert zubereitet, mit allerlei Gemüse, Salat oder auch Fleisch gefüllt. Und das alles mit Blick auf Salzspeicher und Holstentor. *Tgl. | An der Obertrave 6 | mobil 0172 1 48 32 31 | €*

ARSIÉN SUSHI ART

Gemütlich wie bei Muttern, nur gibt es statt Braten und Sauce Sushi. Und zwar das beste der Stadt. Probier den Sushi-Burger – Geschmacksorgasmus-

garantie! *Mo geschl. | Mühlenbrücke 1a | Tel. 0451 39 73 02 30 | arsien.de | €*

SCHIFFERGESELLSCHAFT 🚩

Älteste Kneipe der Stadt und Heimat der Seefahrer, das sieht man auch. Auch wenn du nichts essen willst, kannst du trotzdem einen Blick hineinwerfen. Wegen der alten Bänke und der Schiffsmodelle ist das wie ein Sprung ins Mittelalter. *Tgl. | Breite Str. 2 | Tel. 0451 7 67 76 | schiffergesellschaft.com | €€*

INSIDER-TIPP
So wurde zur Hansezeit getafelt

SHOPPEN

Shoppinggelüste befriedigen kannst du in der Fußgängerzone der *Breiten Straße*, wo auch das *Café Niederegger* ist. Mehr Geschäfte gibt's um den *Kohlmarkt* sowie in der *Königstraße*. Dein Geld festhalten musst du aber in den Boutiquen, Bars und Cafés der *Hüx-*, *Glockengießer-* und *Fleischhauerstraße*.

SPORT & SPASS

SCHIFFSFAHRTEN

Mach unbedingt eine *Bootstour (Abfahrten mehrmals tgl. | 12 Euro | Nähe Holstentor)* um die Stadt, die sich vom Wasser aus besonders schön präsentiert. Mit Museumsbooten kannst du die Trave hinunter bis aufs Meer segeln. Frag einfach beim Verein *Museumshafen (Willy-Brandt-Allee 35 | Tel. 0451 4 00 83 99 | museumshafen-luebeck.org)* nach, der Charter vermittelt und maritime Veranstaltungen orga-

Der Autor Hans Leip beschrieb die Schiffergesellschaft als „klassischste Kneipe der Welt"

nisiert. Vorbei an dicken Villen bis zum Ratzeburger See geht die *Fahrt auf der Wakenitz (Mai–Sept. Di–So 10, 12, 14 Uhr | einfache Fahrt 14 Euro | Tel. 0451 79 38 85 | wakenitzfahrt.de)* ab Moltkebrücke.

STADTFÜHRUNGEN

Das Licht der Laterne wirft gelbe Kreise auf das Pflaster, als der Nachtwächter stehen bleibt und erzählt: von Feuergefahren, früheren Bewohnern und alten Zeiten. Eine *Tour (10 Euro | Anmeldung und Treffpunkt: Welcome Center | Holstentorplatz | Tel. 0451 8 89 97 00 | luebeck-tourismus.de)* mit dem besonderen Stadtführer bringt neue Eindrücke. Es geht aber auch klassisch oder zu anderen Themen. Lauffaul? Steig einfach in den *Cabrio-Bus (Mai–Sept. 10–16.30 Uhr | 10 Euro | ab Haltestelle Untertrave/Holstentorbrücke | Tel. 0451 88 80 | lvgbus.de)* oder in die *Fahrrad-rikscha (ca. 30 Min. 9 Euro/Pers. | mobil 0170 2 14 22 77)* von Hans-Heinrich Mangels.

STRÄNDE

Lübeck besitzt mit *Travemünde* (s. S. 106) einen Stadtteil am Meer. Gebadet wird auch im *Altstadtbad Krähenteich* und in den drei Flussbadeanstalten an der Wakenitz: *Naturbad Falkenwiese, Marli* und *Kleiner See. Witterungsabhängig geöffnet | Eintritt 2 Euro*

AUSGEHEN & FEIERN

Die Kneipendichte der Altstadt ist legendär. In der *Mühlen-, Fleischhauer-* oder *Hüxstraße* findest du die passende. Oder du besuchst die kleinen Bars im ehemaligen Minikiez der *Clemensstraße.*

Die Altstadt Ratzeburgs kannst du auch bei einer Bootspartie besuchen

TONFINK

Morgens kriegst du hier den leckers-
ten Kaffee, abends die beste Musik.
Dann schlägt die Stunde unbekannter
Talente. Für lau, nur der Mops will ge-
füttert werden: die Hutkasse. *Große
Burgstr. 46 | tonfink.de*

TREIBSAND

Keine Angst, wenn du über den Hof
zum Treibsand geht. Der alternative
Standort, „Walli" genannt, sieht wilder
aus, als er ist. Im Anbau versteckt sich
der kleine Club, der die richtige Adresse ist, wenn du auf härteren Sound,
Ska oder Alternative stehst. *Wil-
ly-Brandt-Allee 9 | treibsand.org*

THEATER COMBINALE

Von vorne ist nichts von dem kleinen
Theater zu sehen, das versteckt sich
auf dem Hinterhof und war früher mal
eine Freikirche. Nur 116 Plätze fasst
der kleine, gemütliche Saal, und man
hat das Gefühl, mit auf der Bühne zu
stehen. Wer einmal
die Impro-Show der
Erdferkel besucht,
kommt garantiert wie-
der. *Hüxstr. 115 | Tel.
0451 7 88 17 | combinale.de*

INSIDER-TIPP
**Spontanshow
mit Sucht-
faktor**

IM ALTEN ZOLLN

Mehr Kneipentradition geht nicht. Im
ehemaligen Zöllnerhaus treffen Lite-
raten auf Studenten und feiern gemeinsam. Das war schon immer so,
denn hier ist seit 1589 ein Wirtshaus.
Und nirgendwo kommst du mit den
Lübeckern so schnell ins Gespräch wie
auf der Terrasse vor dem Haus. *So
geschl. | Mühlenstr. 93–95 | zolln.de*

RUND UM LÜBECK

🔟 GOTHMUND 🚩

7 km / 10 Min. von Lübeck mit dem Auto

Ganz viel Idylle: Das alte Fischerdorf an der Trave, das sich am Rand der Schellbruchwiesen versteckt, ist autofrei und steht teilweise unter Denkmalschutz. In dem kleinen Ort mit seinen geduckten Reetdachhäusern, gepflegten Vorgärten und den bunten Kuttern leben noch heute einige Familien vom Fischfang. *K9*

🔢 RATZEBURG ⭐

35 km / 25 Min. von Lübeck mit dem Auto

Wer braucht schon das Meer, wenn er inmitten von vier Seen leben kann? Früher wie heute gehst du in der Inselstadt (14 400 Ew.) nur ein paar hundert Schritte und stehst prompt am nächsten Seeufer. Wirf unbedingt einen Blick in den 🚩 *Dom*, der auf dem höchsten Punkt der Stadt steht. Er gehört zu Norddeutschlands ältesten romanischen Backsteinbauten. Gleich nebenan, in einem barocken Herrenhaus, residierten früher die mecklenburgischen Herzöge. Sie hatten es nicht weit zum sonntäglichen Kirchgang. Heute ist es das *Kreismuseum (Di–So 10–13 u. 14–17 Uhr | Eintritt 3 Euro | Domhof 12 | kmrz.de | ⏱ 1 h)*. Mehr Kunst gefällig? Vielleicht Holzschnitte, Lithografien oder Zeichnungen? Die *Ausstellung (Di–So 10–13 und 14–17 Uhr | Eintritt 3 Euro | Dom-*

hof 5 | weber-museum.de | ⏱ 1 h) des bekannten Satirikers A. Paul Weber ist beeindruckend! Und dann ist da noch das Haus neben der Petrikirche, in dem der Bildhauer Ernst Barlach einen Teil seiner Kindheit verbrachte. Es ist, was sonst, ein *Museum (April–Nov. Di–So 11–17 Uhr | Eintritt 7 Euro | Barlachstr. 3 | ernst-barlach.de/ratzeburg | ⏱ 1 h)*. *K11*

🔢 KARL-MAY-SPIELE 🎭

96 km / 1 Std. 30 Min. von Lübeck mit dem Auto

Nicht eben um die Ecke, aber für Apachen-Fans und Old-Shatterhand-Liebhaber ein Muss: Jeden Sommer ist ein neues Abenteuer der Blutsbrüder auf der Freiluftbühne zu erleben – und keinesfalls mangelt es dabei an Action! *Juni–Sept. Do–So 15 u. 20 Uhr | ab 19 Euro, Kinder ab 15,50 Euro | Kalkberg | Bad Segeberg | Kartentel. (*) 01805 95 21 11 | karl-may-spiele. de | H8*

SCHÖNER SCHLAFEN IN DER LÜBECKER BUCHT

VOGELPERSPEKTIVE

Um mal oben in den Bäumen zu schlafen, musst du kein Vogel sein. Eines der beiden Vogelbaumhäuser des *Erlebnisbahnhofs Schmilau (Tel. 04545 78 98 50 | erlebnis bahn-ratzeburg.de | €)* wird dein Nest, aus dem du nicht mehr rauswillst, früher oder später aber musst: Zu den Waschräumen geht's die Leiter wieder runter und ab in einen Eisenbahnwaggon.

ERLEBNIS TOUREN

Lust, die Besonderheiten der Region zu entdecken? Dann sind die Erlebnistouren genau das Richtige für dich! Ganz einfach wird es mit der MARCO POLO Touren-App: Die Tour über den QR-Code aufs Smartphone laden – und auch offline die perfekte Orientierung haben.

🟢 HOLSTEINER GÜTER UND HERRENHÄUSER

➤ Hinter adelige Kulissen schnuppern
➤ Einkaufsbummel im Gutsdorf Panker
➤ Kuchen essen im schönsten Palmenhaus des Nordens

📍	Neustadt	🏁	Neustadt
🔄	91 km		Reine Fahrzeit ca. 2¼ Stunden

ⓘ Die Öffnungszeiten der genannten Lokale sind saisonabhängig. Vergewissere dich in der Nebensaison besser vorab, ob geöffnet ist.

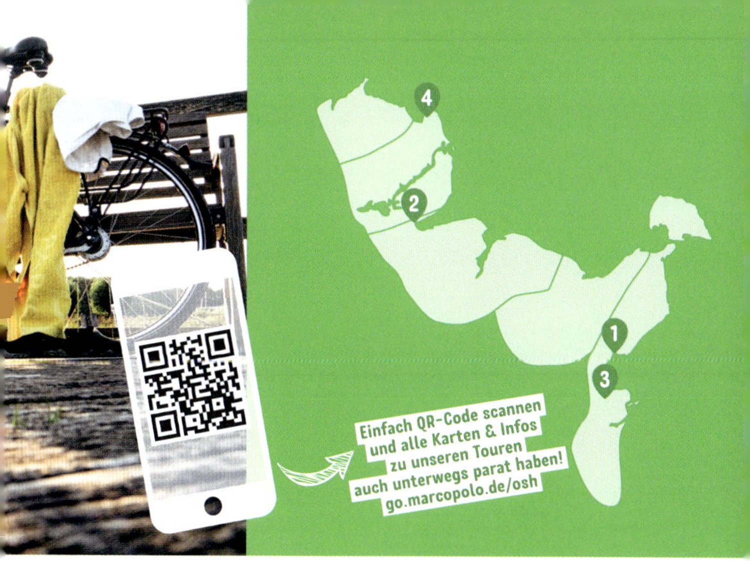

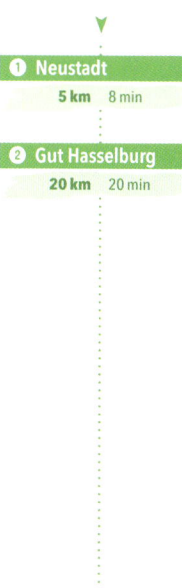

Einfach QR-Code scannen und alle Karten & Infos zu unseren Touren auch unterwegs parat haben! go.marcopolo.de/osh

Badepause an der Schlei

DAS SCHÖNSTE UND DAS ÄLTESTE

Raus aus ❶ Neustadt ➤ S. 101 und weiter *in Richtung Schönwalde. Ungefähr 1,5 km hinter der Autobahnausfahrt Neustadt-Pelzerhaken* hast du gleich den ersten Zwischenstopp: am spätbarocken ❷ Gut Hasselburg *(hasselburg.de)*. Fast wie im Märchen: Vom Parkplatz führt eine Lindenallee auf das Torhaus von 1763 mit seinem weißen Rundbogentürmchen zu. Man sagt, es sei das schönste in Ostholstein. Dahinter öffnet sich ein großer Hof, und geradeaus schaust du auf das Herrenhaus Hasselburg. Die Bewohner lassen dich zwar nicht hinter die Kulissen gucken, aber wenn du wissen willst, wie man bei Herzogs wohnte, kommst du, wenn ein Konzert im Barocksaal stattfindet. Manchmal gibt es auch Theater- oder Musikveranstaltungen in der Scheune. Hasselburg nennt sich nicht ohne Grund „Kulturgut".

Du stehst auf Strecken, die an weiten Feldern und grünen Knicks entlangführen? Dann fährst du die *Straße (L 216/L 178) in Richtung Lütjenburg* weiter. *Etwa 6 km hinter Kirchnüchel zweigt rechts* eine schmale, mit alten Bäumen bestandene Straße *nach Kletkamp ab*. Sie führt zu einer von breiten Gräben umzogenen Hofanlage mit Torhaus. Dahinter versteckt sich das ❸ Herren-

❶ Neustadt
5 km 8 min

❷ Gut Hasselburg
20 km 20 min

❸ Herrenhaus Kletkamp
14 km 15 min

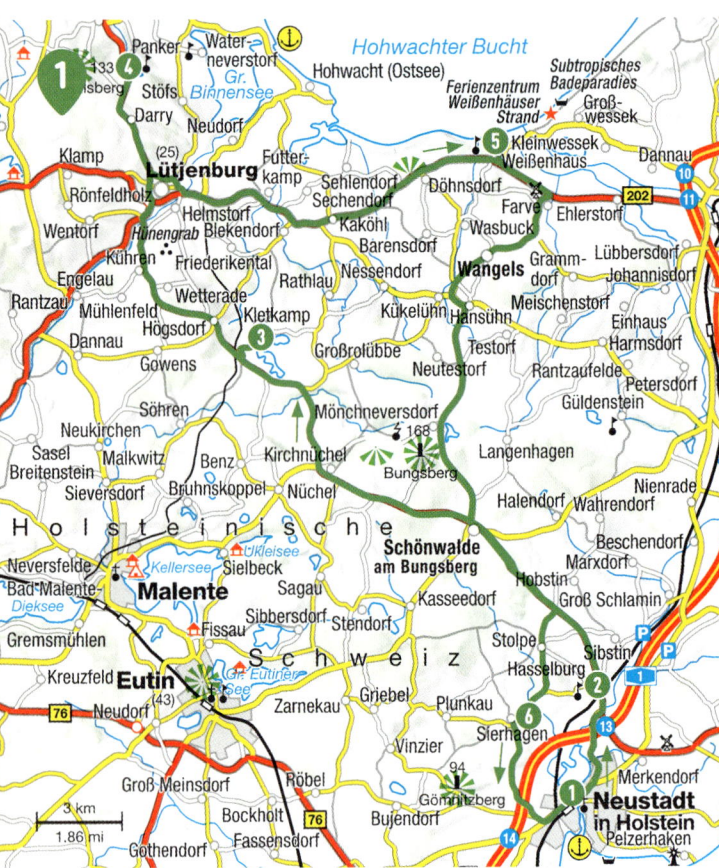

haus Kletkamp (*Führungen n. V. | Tel. 04381 90 80*). Hier ist die Vergangenheit quicklebendig. Denn, kaum zu glauben, seit über 400 Jahren gehört das Haus den Grafen Brockdorff. Kein Wunder, dass es das älteste Herrenhaus Schleswig-Holsteins sein soll. Wer mag, nimmt das Abendessen mit: Auf dem Gut wird Holsteiner Karpfen frisch aus dem Teich verkauft.

DAS BEKANNTESTE

Von Kletkamp ist es nicht weit bis Lütjenburg. *Auf der B 502 (Richtung Kiel) fährst du etwa 5 km über Darry, bis rechts der Abzweig nach Panker erreicht ist.* Über

Kopfsteinpflaster unter grünen Bäumen rumpelst du an dem schneeweißen, dreiflügeligen Herrenhaus ❹ **Gut Panker** ➤ S. 87 und den kleinen Backstein- häuschen des Dörfchens vorbei bis auf den Parkplatz und siehst dich erst mal um. Doch, es ist alles echt und fast so kitschig, dass es wehtut. Aber eben nur fast. Zwar darfst du nicht ins Herrenhaus rein, doch in die ande- ren Häuser mit den exquisiten kleinen Läden und Gale- rien. Guck unbedingt ins Torhaus, in die Galerie **Stil- haus Panker** *(stilhaus-panker.de)*. Da kannst du u. a. die textilen Designentwürfe von Christine Schmidt kaufen, die gleich nebenan ihr Atelier hat. Oder in die Remise, wo Daniela Schoel in ihrem Laden **Flora Ma- gica** *(flora-magica.de)* Schönes für Haus und Garten anbietet und auch über das Gutsgelände führt.

❹ **Gut Panker**	
20 km	35 min

Nach dem Bummel über das Gelände gibt es im **Gast- haus Ole Liese** *(Mo geschl., Okt.–April auch Di | Tel. 04381 9 06 90 | oleliese. de | €€–€€€)* was zur Stärkung. Falls du dich über den Restaurantnamen wunderst: So hieß einst das Lieblings- pferd eines Fürsten aus der Familie derer von Hessenstein, denen das Gut seit 1739 gehört und die auch für ihre Trakehnerzucht bekannt ist.

DAS EXKLUSIVSTE
Zurück geht's nach Lütjenburg, dann auf der B 202 etwa 10 km Richtung Oldenburg, bis links ein Abzweig nach Weißenhaus führt. Die Straße führt zum Ferienzentrum Weissenhäuser Strand. Biege vorher links an der Be- schilderung zum Deichparkplatz ab. Dahinter liegt das Gelände des Grand Village Resort. Du darfst zwar den Park des neobarocken Schlosses nicht be- treten, aber gucken ist erlaubt. Und Strand und Steilküste sind hier beson- ders schön. Perfekt, um eine Pause zu machen und sich auf die Terrasse des

Allein wegen des Ambiente eine Einkehr wert: Gasthaus Ole Liese

❺ Bootshaus	
27 km 40 min	

❺ Bootshauses *(tgl. | Tel. 04382 9 26 20 | weissenhaus. de | €€€)* zu setzen und den Kitern zuzusehen.

DAS EXOTISCHSTE

Weiter geht's Richtung Oldenburg. Bieg von der B 202 nach etwa 2 km rechts auf die L 216 nach Wangels, dann links (L 258) nach Hansühn und dort wieder auf die L 216 nach Schönwalde ab. Hier ging es heute schon mal lang, *diesmal fährst du allerdings nicht mehr durch bis Hasselburg, sondern biegst rechts ab Richtung Stolpe* und erreichst so **❻ Gut Sierhagen** *(gut-sierhagen.de)*. Das Herrenhaus ist zwar für Besucher tabu, aber die Anlage steht dir offen. In dem gräflichen Garten wachsen seit 300 Jahren Zitrusfrüchte und andere Exoten. Die kannst du dir auch in der Gärtnerei mit Schaugarten ansehen. Nebenan, im einstigen Palmenhaus *(tgl. 14–18 Uhr | Tel. 04561 55 84 12 | palmenhauscafe.de),* kannst du Kaffee trinken, oder du erforschst in der ehemaligen Scheune das Landleben im Miniformat, bevor du *über den Sierhagener Weg und die L 309 zurück nach* **❶ Neustadt** fährst.

❻ Gut Sierhagen	
5 km 8 min	
❶ Neustadt	

❷ MIT DEM RAD AN OSTSEE UND SCHLEI

➤ An unberührten Stränden radeln
➤ Deutschlands kleinste Stadt erkunden
➤ Mit den Segelbooten auf der Schlei um die Wette fahren

📍 Eckernförde   **🏁** Eckernförde

↻ 72 km   **🚲** Reine Fahrzeit ca. 4½ Stunden

Mitnehmen: Fahrradtasche für den Einkauf
ⓘ **❶ Eckernförde: Fahrradverleih Eckernförde** *(März–Okt. | Am Exer 1 | Tel. 01520 9 09 81 90 | fahrradverleih-eckernfoerde.de)*
❷ Gut Ludwigsburg: Besichtigung nach Anmeldung

ALTSTADTBLICK & GUTSBESUCH

Im Ostseebad ❶ Eckernförde ➤ S. 66 steigst du aufs Rad und *überquerst die malerische Holzbrücke an der Hafenspitze.* Borby heißt dieser Stadtteil. *Du fährst am Wasser rechts und dann gleich links ein kleines Stück steil bergauf: Die Straße Petersberg bringt dich zum* Aussichtspunkt *gegenüber der Kirche, wo du weit über die Eckernförder Altstadt und die Bucht schaust. Über die Bergstraße geht es wieder hinunter und am Ende der Straße links in die Prinzenstraße. Dieser Straße folgst du ca. 8 km,* bis auf der linken (Fahrradweg-)Seite das Torhaus von ❷ Gut Ludwigsburg *(Tel. 04358 9 88 18 | gut-ludwigsburg.de)* erscheint. Das Herrenhaus ist ein ziemlich ungewöhnliches Gebäude, denn es steht mitten in einem Wassergraben. Wenn du den Hausherrn vorher fragst, zeigt er es dir sogar. Nach der Besichtigung kannst du dir nebenan im Café Alte Räucherei *(in der Saison tgl. | Tel. 04358 98 98 33 | €)* einen Snack spendieren und im Hofladen ==Wurst und Ziegenkäse aus eigener Herstellung für dein Picknick mitnehmen.==

INSIDER-TIPP
Regionale Futterquelle

ABENTEUER IM SCHIFFSRUMPF

Du radelst auf der Landstraße weiter durch die leicht hügelige Landschaft mit ihren Äckern, Wäldchen und Wiesen. *In Großwaabs biegst du rechts ab in Richtung Ostsee und folgst dem ausgeschilderten Fahrradweg, bis er am Campingplatz „Koralle" auf den Strand trifft.* Hier siehst du schon die Hochhäuser des Ostsee-Ferienparks ❸ Damp ➤ S. 57. Am Südstrand kannst du vor dem Museumsschiff „Albatros" pausieren und, wenn du dich vorher angemeldet hast, eine Stunde lang versuchen, dich im *Escaperoom (tgl. 13–17 Uhr | 60 Euro/ 2 Pers. | Tel. 04352 9 56 09 77 | key-zone.de)* im Schiffsrumpf aus der Gefangenschaft von Piraten zu befreien. Oder du setzt dich in den Sand und schaust den Kitern zu, wie sie übers Wasser flitzen.

Hinter Damp fährst du parallel zum Strand weiter (Achtung: Die Strecke ist teilweise sandig) bis zum Abzweig zum Naturschutzgebiet ❹ Schwansener See, *der vor*

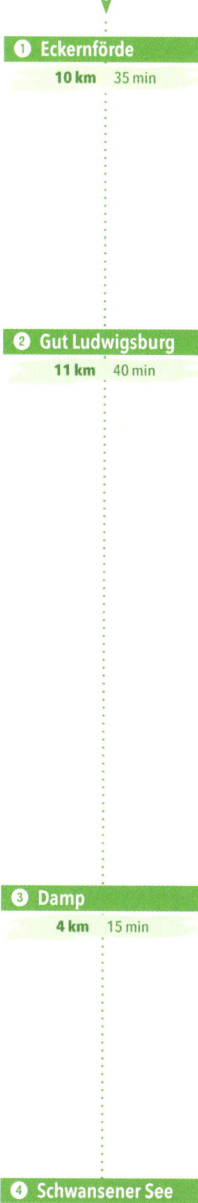

❶ **Eckernförde**
10 km   35 min

❷ **Gut Ludwigsburg**
11 km   40 min

❸ **Damp**
4 km   15 min

❹ **Schwansener See**
5 km   20 min

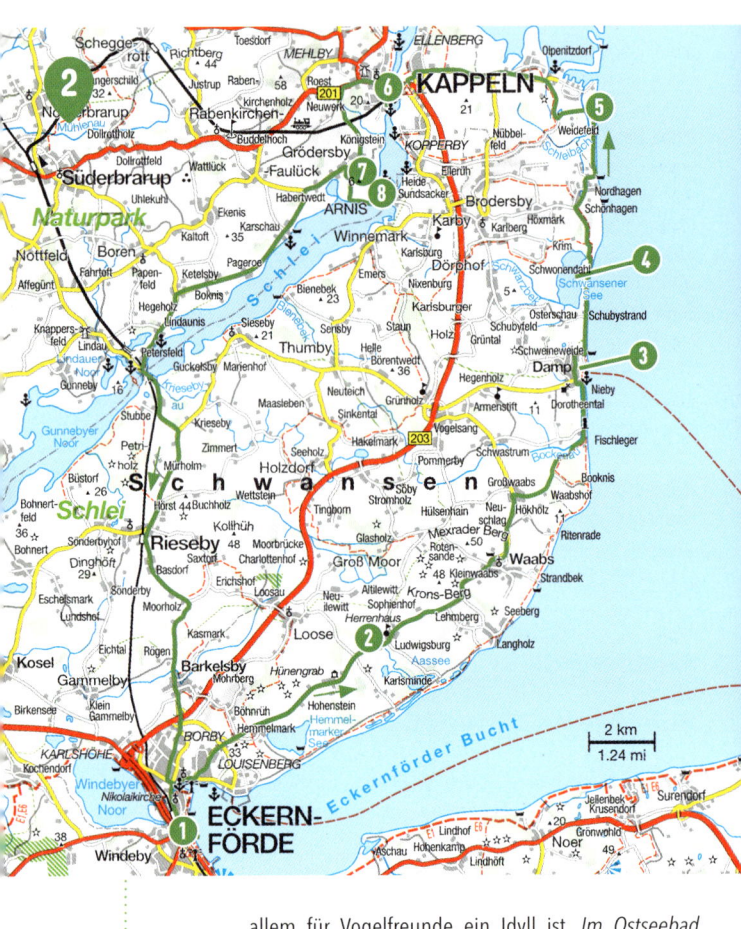

allem für Vogelfreunde ein Idyll ist. *Im Ostseebad
Schönhagen* ➤ *S. 57 orientierst du dich erneut zum
Wasser. Folg der Strandstraße Richtung Olpenitz bis
zum* ⑤ Weidefelder Strand ➤ S. 55. Hier ist der beste
Platz für ein Bad und das mitgebrachte Picknick. Falls
du das schon aufgefuttert hast, kannst du dir auch fang-
frischen Fisch im Restaurant Lobster ➤ S. 55 bestellen.

DEUTSCHLANDS KLEINSTE STADT

Von hier ist es nur ein Katzensprung bis ⑥ Kappeln
➤ S. 54. Glückwunsch, mehr als die Hälfte der Strecke
liegt jetzt hinter dir. *Weiter geht es immer an der Schlei,*

⑤ **Weidefelder Strand**
8 km 30 min

⑥ **Kappeln**
4 km 15 min

die sich wie ein Fluss ins Landesinnere zieht. *Vorbei am Museumshafen ➤ S. 54,* der einen zweiten Blick wert ist, *und auch am Yachthafen,* wo du in der Speisewirtschaft **❼ Specht ➤ S. 57** eine Pause einlegen kannst, bevor du den kleinen Schlenker nach **❽ Arnis ➤ S. 57** machst. In der **Langen Straße,** der einzigen richtigen Straße in Deutschlands kleinster Stadt, lehnen sich kleine Häuser mit schönen Fronten aneinander. Du steigst vom Rad und bummelst die *Straße entlang, bis sie zu Ende ist. Nun wendest du dich nach rechts und gehst am Schleiufer zurück,* vorbei an Gärten voller Blumen, Bootsstegen, an denen Fischernetze trocknen, und dem *Fähranleger.*

Wieder auf dem Rad fährst du noch *ein kleines Stück direkt am Wasser entlang,* dann biegst du rechts ab und erreichst *über den Marienhofer Weg die L 25* mit separatem Radweg. Im weichen, nachmittäglichen Licht präsentiert sich die Landschaft besonders stimmungsvoll. *Bei Lindaunis wechselst du über die Brücke ans südliche Ufer der Schlei und folgst der Straße in Richtung Rieseby und weiter bis nach* **❶ Eckernförde.** *Auf der Promenade kommst du zum Südstrand und zum Restaurant* **Jolly** *(Ostern–Sept. tgl. | Preußerstr. 3 | Tel. 04351 7 13 93 73 | meinjolly.de | €).* Den Burger mit Blick auf die Eckernförder Bucht hast du dir verdient!

❼ Specht	
1 km	3 min
❽ Arnis	
29 km	2 h

❶ Eckernförde

Erstes Etappenziel: die hölzerne Klappbrücke an der Hafenspitze in Eckernförde

❸ AUF, AM UND IM „AMAZONAS DES NORDENS"

➤ Eine Bootsfahrt wie durch den Dschungel
➤ Schillernde Eisvögel und wilde Nandus entdecken
➤ Durch Erlenwälder am grünen Flussufer entlang

📍 Moltkebrücke, Lübeck

🏁 Naturbad Falkenwiese, Lübeck

→ 29 km

🚢 Reine Fahrzeit 2½ Stunden

Mitnehmen: Badesachen
Schiffsfahrt S. 113; Mai–Sept. Di–So drei Abfahrten tgl., Ostern–Okt. witterungsabhängiger Fahrplan
ℹ️ Anfahrt zur ❶ **Moltkebrücke:** Bus 5 bis Moltkeplatz; Parken auf dem Randstreifen möglich

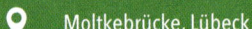

❶ Moltkebrücke

6 km   25 min

IN FREMDE GÄRTEN GUCKEN

Eine Flussfahrt, die ist lustig. Und diese ist auch abwechslungsreich. Du steigst am Anleger an der ❶ Moltkebrücke ein. Vom Oberdeck aus kannst du sehen, wie die gut betuchten Lübecker wohnen, denn es geht anfangs an imposanten Villen und schönen Gärten vorbei, bis die Bebauung lichter wird und die Natur übernimmt.

IN DER FLUSSWILDNIS SCHLESWIG-HOLSTEINS

Nach einer Dreiviertelstunde erreichst du auch schon den Anleger Müggenbusch. An einem kleinen Stichkanal liegt mitten im Grünen das Ausflugsrestaurant ❷ Müggenbusch *(Mo geschl. | Tel. 0451 50 19 99 | restaurant-mueggenbusch.de | €€).* In den reetgedeckten Fischerbuden trafen sich schon vor 400 Jahren Reisende. Warum nach dem Mittagessen nicht ein paar Schritte laufen? *Rund 100 m hinter dem Restaurant führt der Drägerweg vorbei. Wende dich an der Einmündung links* und spazier vorbei an Feldern, Wäldern und grünen Wiesen. Wenn du gemütlich gehst und dabei

❷ Müggenbusch

2,5 km   35 min

die Landschaft genießt, brauchst du eine halbe Stunde bis zum Lokal und ❸ **Anleger Absalonshorst**.

Hier gehst du wieder an Bord des Ausflugsschiffs in Richtung Ratzeburger See. Der Fluss wird immer schmaler, dichte Erlenwälder säumen das Ufer, so mancher umgestürzte Baum liegt im Wasser. Blitzschnelle Eisvögel suchen zwischen den Ästen nach Futter, mit Glück siehst du die Nachkommen von ausgebüchsten Nandus, die jetzt an der Wakenitz heimisch sind. Unberührt wirkt die Natur hier, und es ist leicht nachzuvollziehen, dass der frühere innerdeutsche Grenzfluss „Amazonas des Nordens" genannt wird.

KUCHEN-, GEH- & BADESTOPP

Kurz bevor der Fluss in den Ratzeburger See mündet, liegt das **Fährhaus Rothenhusen** – Wendepunkt des Ausflugsboots. Auf dem Rückweg kannst du in ❹ **Absalonshorst** *(tgl. | absalonshorst.de | €€)* noch mal für Kaffee und Kuchen aussteigen. Danach hast du Zeit, dir ein weiteres Mal auf dem Drägerweg die Beine zu vertreten – das nächste Schiff kommt erst in zwei Stunden.

Noch eine Stunde Schiffsfahrt, und du bist wieder am Startpunkt ❺ **Moltkebrücke**. Doch damit muss das Wakenitz-Erlebnis noch nicht zu Ende sein: Geh in *Fahrtrichtung auf der Straße Wakenitzufer weiter und halt dich nahe am Fluss,* bis du vor dem ❻ **Naturbad Falkenwiese** ➤ S. 113 stehst. In der kleinen, denkmalgeschützten Badeanstalt mit Holzumkleiden und Badestegen hast du bis 19 Uhr Zeit, deine

INSIDER-TIPP
Badeoase mit Geschichte

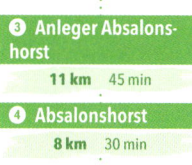

❸ **Anleger Absalonshorst**

11 km   45 min

❹ **Absalonshorst**

8 km   30 min

❺ **Moltkebrücke**

1 km   15 min

❻ **Naturbad Falkenwiese**

Bahnen in der Wakenitz zu ziehen und die Spätnach-mittagssonne zu genießen.

❹ WANDERN IM RAUEN NORDEN

➤ **Von der Mühle zum Leuchtturm**
➤ **Wo die wilden Pferde wohnen**
➤ **Viereinhalb Kilometer menschenleerer Strand**

📍 Parkplatz, Mühle Charlotte	🏁 Parkplatz, Mühle Charlotte
🔄 13 km	🚶 Reine Gehzeit ca. 3 ½ Stunden
📶 Schwierigkeit: sehr leicht	

Mitnehmen: Fernglas
ℹ️ ❶ **Parkplatz:** Nördlich von Goldhöft; über die Straße Beveroe zu erreichen

❶ Parkplatz
2 km 30 min

WÄLDER, WIESEN, SÜMPFE

Startpunkt der Wanderung zum naturbelassensten Zipfel im Norden ist der ❶ Parkplatz bei der Mühle Charlotte nördlich der Ortschaft Goldhöft am Geltinger Noor. Am Birk-Kiosk *(April–Okt. Di–So 11–18, Nov.–März Sa/So/Fei bei gutem Wanderwetter 11–16 Uhr)* gleich neben dem Parkplatz kannst du noch einen Kaffee trinken und deinen Rucksack füllen, bevor es losgeht.

Du folgst dem knapp 14 km langen Rundwanderweg „Möwe" (blaue Markierung), der dich um die Birk führt, vorbei an Salzwiesen und Bäumen, die sich dem Wind gebeugt haben. Links neben dem Weg glitzert die Ostsee, auf der im Sommer zahlreiche Segelboote unterwegs sind, rechts wechseln sich kleine Wäldchen mit Salzwiesen und Schilfsümpfen ab. *Nach ca. 30 Minuten auf dem Deich* kommt die ❷ Schutzhütte des Vogel-

❷ Schutzhütte des Vogelwarts
6 km 1 h 30 min

warts in Sicht. Ruhig ist es hier. Nur der Wind und die allgegenwärtigen Möwen machen Krach.

WILDPFERDE & HOCHLANDRINDER

Der Weg führt weiter auf die Spitze der Halbinsel zu. Erschrick nicht, wenn mit donnernden Hufen plötzlich Wildpferde über die Düne galoppieren oder sich aus der Wiese neben dir auf einmal der zottelige Kopf eines schottischen Hochlandrinds erhebt. Halt aber Abstand, denn wenn sich die Tiere bedroht fühlen, können sie zur Gefahr werden.

Vor der Landspitze knickt der Weg nach rechts ab und führt jetzt an der Ostseite der Birk am Naturstrand entlang nach Süden bis zur ❸ Integrierten Station ➤ S. 56 in Falshöft. In dem weißen Haus kannst du einen Blick in die Ausstellung werfen, die ausführlich über Natur und Geschichte der Geltinger Birk informiert. Von dort sind es nur noch wenige hundert Meter bis zum ❹ Leuchtturm Falshöft ➤ S. 56, der rot-weiß zwischen den Bäumen aufragt. *Quer über die Halbinsel führt der Weg zurück,* und am Spätnachmittag bist du dann wieder am ❶ Parkplatz.

❸ Integrierte Station	
600 m	10 min

❹ Leuchtturm Falshöft	
4,5 km	1 h 10 min

❶ Parkplatz	

GUT ZU WISSEN
DIE BASICS FÜR DEINEN URLAUB

ANKOMMEN

ANREISE

Zwei Autobahnen führen in den Norden. Die A 7 nach Flensburg, die A 1 über Lübeck nach Puttgarden. Elbbrücken befinden sich bei Lauenburg und Geesthacht. Von Osten erfolgt die Anreise über die A 24 Berlin–Hamburg oder über die Ostsee-Autobahn A 20 nach Lübeck. Beide sind gerade im Sommer oft überfüllt.

ICE-Verbindungen über Hamburg bestehen nach Flensburg, Neumünster, Kiel, Lübeck und Puttgarden auf Fehmarn. Nachtzüge mit Schlaf- und Liegewagen fahren täglich von Innsbruck, Wien und Zürich nach Hamburg. Die Lübecker Bucht ist über Hamburg–Lübeck–Puttgarden zu erreichen. Nach Kiel und an die nördliche Ostseeküste fährst du über Hamburg–Neumünster–Kiel sowie Kiel–Eckernförde–Flensburg. In die Holsteinische Schweiz gelangt man über Hamburg–Lübeck–Eutin–Kiel.

Per Fernbus kommst du auch an die Küste. Flixbus bringt dich nach Lübeck, Kiel oder Flensburg. Von Hamburg und Berlin aus erreichst du Fehmarn, Timmendorfer Strand, Scharbeutz, Neustadt, Grömitz oder Dahme.

Der nächste internationale Großflughafen ist Hamburg-Fuhlsbüttel.

KLIMA & REISEZEIT

Die Küste lässt sich prima ganzjährig bereisen. Hauptreisezeit ist allerdings Ostern bis Ende Oktober. Dann lockt die Küste mit zahlreichen Events. In der Nebensaison schließen einige Restaurants und Läden oder öffnen nur am Wochenende, aber dafür hat man den Strand für sich.

Das Wetter an der Ostsee und in der Holsteinischen Schweiz ist meist besser als sein Ruf. Es regnet selten

Wie auf großer Fahrt: Am Steuerrad der Passat schaust du auf Travemünde

durchgehend über längere Zeit, der Wind vertreibt die Wolken schnell wieder. Allerdings sorgt diese Brise auch dafür, dass die gefühlte Temperatur im Durchschnitt niedriger liegt als der bundesdeutsche Mittelwert. Lichtblick: Fehmarn gehört mit ca. 2200 Sonnenstunden pro Jahr zu den sonnenreichsten Gegenden in Deutschland. Trotzdem: Mütze und Pullover sollten auch im Sommer in den Koffer.

WEITER-KOMMEN

MIETWAGEN

Große Firmen wie Hertz oder Europcar haben Niederlassungen u. a. in Kiel, Lübeck und Flensburg *(hertz.de; europcar.de)*. Wenn du per Cabrio die Küste erkunden möchtest, musst du mit ca. 100 Euro pro Tag rechnen. Einen Kleinwagen kriegst du ab ca. 65 Euro pro Tag.

IM URLAUB

AUSKUNFT

OSTSEE-HOLSTEIN-TOURISMUS E. V.
Am Bürgerhaus 2 | 23683 Scharbeutz | Tel. 04503 88 85 25 | ostsee-schleswig-holstein.de

TOURISMUS-AGENTUR SCHLESWIG-HOLSTEIN GMBH
Wall 55 | 24103 Kiel | Tel. 01805 60 06 04 (*) | sh-tourismus.de

BADEN & STRÄNDE
Du hast die Qual der Wahl zwischen Naturstränden, Sandparadiesen,

schroffen Steilküsten oder den idyllischen Seen im Hinterland. Wer seine Fellnase mitbringen, textilfrei baden oder wissen will, welche touristischen Angebote sich in Reichweite befinden, wird auf der Website *ostsee-schleswig-holstein* fündig.

Allerdings solltest du in der Hauptsaison bedenken: Der frühe Vogel fängt den Wurm – oder kriegt einen Parkplatz in Strandnähe. Ansonsten ist Geduld angesagt. Der Strand ist ja auch abends noch schön.

An den großen Badestränden oder den offiziellen Badestellen der Binnenseen sorgen ehrenamtliche DLRG-Rettungsschwimmer von Juni bis Mitte Sept. für die Sicherheit der Badegäste und Wassersportler. In dieser Zeit wird die Wasserqualität von den Gesundheitsbehörden überwacht (aktuelle und detaillierte Berichte unter *badewasserqualitaet.schleswig-holstein.de* oder *algenreport.de*). Die Wasserqualität ist in der Regel sehr gut, Beanstandungen oder Badeverbote aufgrund von Bakterienkonzentrationen oder Algenblüte sind die Ausnahme.

EINTRITTSPREISE

Die in diesem Führer angegebenen Eintrittspreise gelten für Erwachsene. Meist gibt es Ermäßigungen für Kinder (oft 50 Prozent), Jugendliche und Familien. Bei manchen Einrichtungen wie z. B. Tierparks variieren die Eintrittspreise je nach Saison.

OSTSEECARD

In den meisten Ostseebädern wird Kurtaxe erhoben: Ostseecard heißt die Kurtaxkarte im Scheckkartenformat, die je nach Ort und Saison 2–3 Euro pro Tag kostet (zu bekommen im Urlaubsquartier oder beim Touristservice). Damit kann man die Strände und die dortige Infrastruktur in allen teilnehmenden Orten unbegrenzt nutzen. Viele Geschäfte, Restaurants und Freizeiteinrichtungen räumen zudem Ermäßigungen ein (teilnehmende Geschäfte und Orte unter *ostseecard.de*). Kinder und Jugendliche unter 18 Jahren sind von der Gebühr befreit.

Wer keine Ostseecard hat, benötigt in fast allen Orten in den zentralen Badeabschnitten eine *Strandkarte,* die am Automaten, oft auch bei den Strandkorbvermietern zu bekommen und meist ebenso teuer wie die Ostseecard ist. Regelmäßig sind Kontrolleure unterwegs, die die Badegäste um das Vorzeigen der Strandkarte bzw. der Ostseecard bitten. Freistrände gibt es in den großen Ostseebädern in Randlagen oder an den nicht als Badestrand ausgewiesenen Küstenabschnitten.

FESTE & EVENTS
RUND UMS JAHR

MÄRZ/APRIL

Ostermünde (Travemünde): Osterfeuer und mehr *(travemuende-tourismus.de)*

MAI

Weltfischbrötchentag (Küstenorte): Veranstaltungen zu Ehren des Fischbrötchens *(short.travel/osh19).*

Rapsblütenfest (Fehmarn): Fest, Umzug und Wahl der Rapsblütenkönigin *(fehmarn-rapsbluetenfest.de)*

Kappelner Heringstage: *heringstage.de*

Rum-Regatta (Flensburg): Treff historischer Segelschiffe *(flensburger-foerde.de/veranstaltungen)*

JUNI

Kieler Woche: größtes Segelsportereignis der Welt plus Begleitprogramm *(kieler-woche.de)*

JULI/AUGUST/SEPTEMBER

Schleswig-Holstein Musikfestival (ganzer Norden): *shmf.de*

Eutiner Festspiele: auf der Freilichtbühne am See *(eutiner-festspiele.de)*

Travemünder Woche: zweitgrößte internationale Segelregatta plus Events *(travemuender-woche.de)*

Wikingertage Schleswig: Fest rund um die Nordmänner *(wikingertage.de)*

Flensburger Hofkultur: Festival in den Handwerker- und Kaufmannshöfen *(flensburger-hofkultur.de)*

Klosterfest Cismar: Nostalgischer Markt der Kunsthandwerker *(klostercismar.de/klosterfest)*

Lütjenburger Aufbruch: mittelalterliches Lager mit Markttreiben und Gaukeleien (Foto) *(turmhuegelburg.de)*

Green Screen Naturfilmfestival: (Eckernförde): *greenscreen-festival.de*

OKTOBER/NOVEMBER

Nordische Filmtage (Lübeck): *nordische-filmtage.de*

DEZEMBER

Lübecker Kunsthandwerkermarkt: *short.travel/osh20*

SONNTAGSEINKAUF

Auch an Sonn- und Feiertagen stehen Ostseeurlauber zumindest während der Saison nicht vor verschlossenen Ladentüren. Für die Tourismusorte gilt nämlich die Bäderverordnung, nach der die meisten Geschäfte von Mitte März bis Ende Okt. sowie von Mitte Dez. bis 8. Jan. und bei besonderen Anlässen an Sonn- und Feiertagen von 11 bis 19 Uhr öffnen dürfen.

WAS KOSTET WIE VIEL?	
Kaffee	ab 2,20 Euro *für eine Tasse im Café*
Fahrrad	10 Euro *Miete pro Tag*
Bier	2,80 Euro *für 0,3 Liter*
Marzipan	ab 1,70 Euro *für 50 Gramm*
Menü	ab 30 Euro *im Restaurant*
Kurtaxe	ab 2 Euro *pro Tag*

STRANDKÖRBE

An kühleren Tagen schützt er vor Wind oder Regen, an heißen vor zu viel Sonne: Wer sich einen Strandkorb mietet, macht eigentlich nichts verkehrt. In der Hochsaison sind die Körbe schnell ausgebucht und sollten deshalb vorbestellt werden. Der Mietpreis liegt je nach Jahreszeit und Gegend bei 7–12 Euro/Tag

oder bei 35–65 Euro/Woche. Auskunft über Anbieter geben die Touristinfos.

ÜBERNACHTEN

Der Norden bietet eine große Zahl von Ferienwohnungen, -häusern und Apartments verschiedener Preisklassen. Für eine gut ausgestattete Ferienwohnung für vier Personen direkt an der Küste zahlt man in der Hochsaison ab ca. 70 Euro pro Tag. Im Binnenland ist eine Wohnung auf dem Bauernhof für fünf Personen schon ab 40 Euro pro Tag zu haben. Gastgeberverzeichnisse senden die Touristservicestellen des jeweiligen Orts zu. Ferienwohnungen in über 50 größeren Orten bietet auch die Internetseite *ostsee-buchen.de,* oder du informierst dich bei *Urlaub auf dem Bauernhof e. V.* (Tel. 04331 9 45 35 82 | *landsichten. de).* Auch Broschüren zu Übernachtungen in Heuherbergen können dort oder über die *Landwirtschaftskammer Schleswig-Holstein* (Tel. 04331 9 45 30 | *lksh.de*) oder *heuherbergen. de* bezogen werden.

Eine Übersichtskarte aller Jugendherbergen in Schleswig-Holstein, die vor allem auch für Urlauber interessant sind, die eine Bleibe für nur eine Nacht suchen, versendet der *Ostsee-Holstein-Tourismus e. V.* Der Flyer steht auch auf der Website *www.djh-nordmark.de* zum Download bereit.

Rund 120 Campingplätze gibt es an der Ostseeküste, mehr als zehn in der Holsteinischen Schweiz. Hinzu kommen noch ca. 100 Stellplätze für Wohnmobile. Mit wenigen Ausnahmen liegen die Plätze direkt am Wasser. Die Lübecker Bucht, Fehmarn, die

Hohwachter Bucht und die Halbinsel Schwansen sind Zentren des Campingtourismus. Die Preise variieren in der Hauptsaison je nach Lage und Ausstattung zwischen ca. 10 und 30 Euro pro Übernachtung. Den Prospekt „Camping & Caravaning an der Ostsee" mit detaillierten Infos bekommst du beim *Ostsee-Holstein-Tourismus e. V.* (per Post oder zum Downloaden).

WLAN

Obwohl es im ländlichen Raum noch „weiße Flecken" gibt, gehören schnelles Internet, WLAN bzw. Hotspots in den touristischen Zentren im Norden inzwischen zum Standard. Erkundige dich am besten vor der Buchung, wie es in deiner Unterkunft bzw. an deinem Ferienort mit dem Zugang zum Netz steht. In den meisten Hotels, Gaststätten oder Touristinfos gibt es Gratis-WLAN.

NOTFÄLLE

KRANKENHÄUSER

Kliniken mit Notaufnahmen gibt es in Lübeck, Kiel und Flensburg. Aber auch in den Krankenhäusern in Eutin, Eckernförde, Schleswig, Neustadt und Oldenburg bekommst du jederzeit Hilfe. Außerhalb der regulären Praxiszeiten der niedergelassenen Ärzte erreichst du in dringenden, aber nicht lebensbedrohlichen Fällen unter *Tel. 116 117* den Kassenärztlichen Notdienst.

WETTER IN KIEL

■ Hauptsaison
■ Nebensaison

	JAN.	FEB.	MÄRZ	APRIL	MAI	JUNI	JULI	AUG.	SEPT.	OKT.	NOV.	DEZ.
Tagestemperaturen	2°	3°	6°	11°	16°	20°	22°	21°	18°	13°	7°	4°
Nachttemperaturen	-2°	-2°	0°	3°	7°	11°	13°	13°	10°	7°	3°	0°
☀	2	2	4	6	8	8	7	6	6	3	2	1
☂	18	15	13	14	12	14	15	16	15	17	18	18
≈	3	2	3	5	9	14	17	17	15	12	8	5

☀ Sonnenschein Stunden/Tag   ☂ Niederschlag Tage/Monat   ≈ Wassertemperatur in °C

URLAUBS FEELING

ZUM EINSTIMMEN & AUSKLINGEN

LESESTOFF & FILMFUTTER

BUDDENBROOKS – VERFALL EINER FAMILIE

Der Romanklassiker (1901) von Thomas Mann beschreibt den Niedergang der Lübecker Kaufmannsfamilie Buddenbrook und brachte dem Autor den Literaturnobelpreis

DORFPUNKS

Sänger und Autor Rocko Schamoni beschreibt in dem autobiografischen Roman (2004) seine Jugend in den 1980er-Jahren, als er und seine Kumpels den Punk für sich entdeckten. Was nicht einfach war, wenn man in Lütjenburg aufwuchs

NEUES AUS BÜTTENWARDER

Die NDR-TV-Serie über die beiden Bauern Adsche und Brakelmann, die seit 1987 läuft, nimmt das Landleben in der norddeutschen Provinz gehörig aufs Korn und streut jede Menge Lokalkolorit ein

TATORT AUS KIEL

Wenn Schauspieler Axel Milberg als meist wortkarger Kommissar Borowski in Kiel ermittelt (seit 2003), kommt viel Fördestadt- und Ostseefeeling über den Bildschirm. Bestsellerautor Henning Mankell ersann übrigens vier Geschichten für den Kieler Tatort

PLAYLIST QUERBEET

0:58

II TORFROCK – BEINHART
Die Kultrocker aus dem fiktiven Torfmoorholm begeistern seit Jahrzehnten mit ihrer Musik

▶ **DIE TÜDELBAND** – GANZ GOOT
Pop mit niederdeutschen Texten, das funktioniert tatsächlich prima

▶ **WINCENT WEISS** – MUSIK SEIN
Der Eutiner bringt mit seinen Popsongs seine Fans zum Schmelzen,

dafür gab's einen MTV Music Award

▶ **MICHAEL SCHULTE** – YOU LET ME WALK ALONE
2018 startete der gebürtige Flensburger für Deutschland beim ESC und holte mit diesem Song Platz 4

▶ **SANTIANO** – SANTIANO
Ein rauer Mix aus Shantys, Irish Folk und Schlager, der auch in Süddeutschen den inneren Seeräuber weckt

Den Soundtrack zum Urlaub gibt's auf **Spotify** unter **MARCO POLO** Ostsee

Oder Code mit Spotify-App scannen

AB INS NETZ

WO GIBT'S FRISCHFISCH?
Frischer geht's nicht mehr: Wann in welchem Hafen welcher Fang direkt vom Kutter verkauft wird, ist auf *fischvomkutter.de* aktuell nachzulesen

FÖRDEFRÄULEIN
Finja teilt ihre Liebe zu Kiel auf ihrem Blog mit tollen Geheimtipps und Empfehlungen *(foerdefraeulein.de)*

TRAUMSCHIFFE IN KIEL
Schiffsbegeisterte und Hobbyfotografen sehen mithilfe dieser App, wann welches Schiff mit einer Mindestlänge

von 50 m den Nord-Ostsee-Kanal passiert und im Kieler Hafen eintrifft *(traumschiffeinkiel.de)*

OSTSEE* SCHLESWIG-HOLSTEIN GUIDE
Als Blog oder App: jede Menge Ausflugstipps, Radtouren und Restaurantempfehlungen *(app-ostsee.de)*

HERZELIEB
Foodbloggerin Michaela Hoechst verrät leckere Rezepte aus dem Norden und macht Lust, sich sofort an den Herd zu stellen *(herzelieb.de)*

TRAVEL PURSUIT

DAS MARCO POLO URLAUBSQUIZ

Weißt du, wie die Ostseeküste tickt? Teste hier dein Wissen über die kleinen Geheimnisse und Eigenheiten von Land und Leuten. Die Lösungen findest du in der Fußzeile. Und ganz ausführlich auf den S. 18–23.

❶ Welchen gefährlichen Stoff könnte man statt Bernstein am Strand finden?
a) Waffenfähiges Uran
b) Fässer mit Salzsäure
c) Phosporkrümel aus alten Bomben

❷ Welche Pflanze blüht im Frühling gelb auf den Feldern?
a) Lavendel
b) Raps
c) Erdbeeren

❸ Die feste Fehmarnbeltquerung soll mal welche Orte verbinden?
a) Kiel und Flensburg
b) Bad Malente und Gremsmühlen
c) Puttgarden und Rødby

❹ Welche erneuerbare Energiequelle wird in Schleswig-Holstein hauptsächlich genutzt?
a) Wasser
b) Sonne
c) Wind

❺ Welches Volk ließ sich in Angeln nieder und gründete dort Haithabu?
a) Angelsachsen
b) Holsteiner
c) Wikinger

❻ Welche Minderheit sitzt im schleswig-holsteinischen Landtag?
a) die Grauen Panther
b) die dänische Minderheit
c) die Niedersachsen

Gelb ist die Frühlingsfarbe an der Schlei

KULTUR GUT HASSELBURG

URLAUB AUF DEM
KULTUR GUT HASSELBURG

Umgeben von Wald, Feldern, Weiden und Seen ist das Kultur Gut Hasselburg ein Ort der Ruhe im Herzen Ostholsteins nahe der Ostsee. Der denkmalgeschützte spätbarocke Landsitz wurde in den letzten Jahren aufwendig saniert. Ferienwohnungen unterschiedlicher Größe (2-8 Personen) sowie ein kleiner SPA-Bereich befinden sich nunmehr im herrschaftlich, 1763 erbauten Torhaus und Kuhhaus der Anlage. Hochwertige Materialien, maßgefertigtes Mobiliar und klare Linienführung prägen das Design der Räumlichkeiten.
Behutsam wurde die bestehende historische Bausubstanz einbezogen. Die Unterkünfte sind nach Komponisten und Musikinstrumenten benannt, denn Hasselburg ist bekannt für seine klassische Musik im Barocksaal des Herrenhauses und Musicalproduktionen in der Reetdachscheune.

REGISTER

LOB ODER KRITIK? WIR FREUEN UNS AUF DEINE NACHRICHT!

Trotz gründlicher Recherche schleichen sich manchmal Fehler ein. Wir hoffen, du hast Verständnis, dass der Verlag dafür keine Haftung übernehmen kann.

**MARCO POLO Redaktion • MAIRDUMONT • Postfach 31 51
73751 Ostfildern • info@marcopolo.de**

Impressum

Titelbild: Insel Fehmarn, Südstrand Burgtiefe (huber-images: C. Bäck)

Fotos: AWL Images: S. Lubenow (81); DuMont Bildarchiv: S. Lubenow (Klappe vorne außen, Klappe vorne innen/ 1, 8, 20, 24/25, 28, 31, 60/61, 62/63, 76/77, 90/91, 100, 123, 131, 134/135); M. Gerke (139); Getty Images: T. Suedfels (26/27); huber-images: G. Gräfenhain (14/15), S. Lubenow (6/7, 38/39, 43, 107, 113, 128/129); Laif: M. Amme (67), J. Arlt (85), F. Blickle (82), M. Gonzalez (34), B. Jonkmanns (87), T. Linkel (95), J. Modrow (97), S. Multhaupt (73), D. Schwelle (Klappe hinten, 32/33, 88, 119), S. Volk (116/117); Look: Engel & Gielen (10), A. Haug (48, 103, 114), N. Kriwy (109), S. Lubenow (9, 35, 50/51, 136), J. Stumpe (99); mauritius images: I. Boelter (55), Novarc (11), pa (27); mauritius images/Alamy: J. Woodhouse (30/31); mauritius images/Westend61: J. Mänz (56); picture-alliance/allOver: K. Thomas (2/3); picture-alliance/dpa: Ch. Charisius (104), C. Rehder (19), F. Stratenschulte (12/13); vario images: B. Zoellner (74); Visum: A. Büllesbach (22/23), J. Denzel (70), M. Staudt (44)

17. Auflage 2020, komplett überarbeitet und neu gestaltet

© MAIRDUMONT GmbH & Co. KG, Ostfildern

Autorinnen: Majka Gerke, Silvia Propp, Sabine Spatzek

Redaktion: Ulrike Frühwald

Bildredaktion: Anja Schlatterer

Kartografie: © MAIRDUMONT, Ostfildern (S. 36-37, 118, 122, 125, 127, Umschlag außen, Faltkarte); © MAIRDUMONT, Ostfildern, unter Verwendung von Kartendaten von OpenStreetMap, Lizenz CC-BY-SA 2.0 (S. 40-41, 47, 52-53, 59, 64-65, 69, 78-79, 92-93, 110)

Als touristischer Verlag stellen wir bei den Karten nur den De-facto-Stand dar. Dieser kann von der völkerrechtlichen Lage abweichen und ist völlig wertungsfrei.

Gestaltung Cover, Umschlag und Faltkartencover: bilekjaeger_Kreativagentur mit Zukunftswerkstatt, Stuttgart; Gestaltung Innenlayout: Langenstein Communication GmbH, Ludwigsburg

Texte hintere Umschlagklappe: Lucia Rojas; Konzept Coverlines: Jutta Metzler, bessere-texte.de

Printed in Poland.

MARCO POLO AUTORIN
MAJKA GERKE

Als Nordlicht muss man manchmal tapfer sein. Denn wenn das norddeutsche Winterwetter zuschlägt, fragt sich die freie Journalistin, was eigentlich so schön ist am Leben im Land zwischen den Meeren. Das ändert sich aber immer dann, wenn sie Fischbrötchen in Langballigau isst, über den Lübecker Weihnachtsmarkt bummelt oder mit dem Motorrad zum Niendorfer Strand fährt.

BLOSS NICHT!

FETTNÄPFCHEN UND REINFÄLLE VERMEIDEN

MÖWEN FÜTTERN

Wer einmal sein Fischbrötchen an eine blitzschnell zupackende Möwe verloren hat, weiß, dass die possierlichen Vögel es faustdick unter den Federn haben. Der Begriff „Fast Food" könnte für sie erfunden worden sein.

IRGENDWO PARKEN

Gebührenfreie Parkplätze in Strandnähe sind Mangelware. Wer kurze Wege will, muss tief in die Tasche greifen. Und die ständig patrouillierenden Ordnungshüter kennen keine Gnade bei Wildparkern.

MÜTZE UND REGEN-JACKE VERGESSEN

Wer falsch packt, hat selbst Schuld, du reist immerhin ans Meer. Hier weht dir auch im Hochsommer mal eine steife Brise um die Ohren. Vom gelegentlichen Regenschauer gar nicht zu reden. Eine Regenjacke ist daher nie verkehrt. Und laut Murphys Gesetz bleibt es trocken, wenn du sie dabeihast.

MITTAGS AN DEN STRAND FAHREN

Am meisten los ist an der Ostsee während der Ferien im Juli und August. Dann sind vormittags schon alle Parkplätze voll. Wer kann, kommt ganz früh oder am Spätnachmittag, wenn die Hamburger wieder nach Hause fahren.

VON DER FALSCHEN KÜSTE SCHWÄRMEN

Für die Ostseeküstenbewohner ist ihre Seite des Lands die schönere. Schwärmereien über Sylt oder St. Peter-Ording lässt man hier zu, hört man aber nicht gern. Daher in Grömitz nicht unbedingt erzählen, dass du in List übernachtest.